JN145638

習近平が中国共産党を殺す時

日本と米国から見えた「2017年のクーデター」

石平
Seki Hei

陳破空
Chen Pokong

ビジネス社

はじめに

人生のすべてをかけて中国共産党政権と戦い、この巨大権力の裏も表も知り尽くしたふたりの論客が、2日間にわたって現在の習近平政権の内幕と野望について縦横無尽に語り合った。それを1冊の書籍にまとめたのが、私と陳破空さんによるこの対談本である。

アメリカを拠点に言論活動を展開している陳破空さんは今まで、著作の邦訳新書版を文藝春秋などから数冊刊行している、日本でも知る人ぞ知る気鋭の評論家である。だが全世界に広がる中国系の人々のネットワークにおいては、この彼こそは大変な有名人であり、中国問題分析の達人のひとりとして広く知られているのだ。

陳さんは私と同様、中国でいえば「天安門世代」の人間である。1980年代、当時の中国の若者たちは民主主義の実現を目指して、ほぼ10年間にわたって民主化運動を推進した。そのクライマックスを迎えたのが1989年の春、北京の天安門広場を中心にして中国全土で展開された「天安門民主化運動」である。

私自身はその当時、留学先の日本の神戸で、中国国内の仲間たちを外から支援するような形で運動に参加していたが、陳破空さんは大学の教職に就いた中国南部の大都会、広州で、中心的なリーダー役のひとりとして学生運動を指導し、第一線で戦った。そして、運動が鄧小平の〝戦車〟によって鎮圧された後、陳さんは逮捕されて牢獄に入れられてしまう。その後、一度は出獄したものの、1993年に再逮捕されて刑務所へと連れ戻された。そして1996年、アメリカへの亡命を果たして現在に至っているわけだ。

言ってみれば、この陳破空さんこそが、天安門民主化運動の「英雄」のひとりであり、民主化の理想のために人生のすべてを一度に捨てた「殉教者」のひとりでもある。

アメリカに亡命し、コロンビア大学大学院で経済学を学んだ後、陳さんはチャイナウォッチャーとして精力的な言論活動を展開し、頭角を現していく。そして前述のように、今やアメリカ及び世界全体に広がる華人（中国系）の言論空間において、陳破空さんは優れた論客のひとりとして、欠かせない重要人物となった。

陳さんと私が、公の場で初めて中国問題を語り合ったのは今から2年前のことである。2014年6月4日、天安門事件25周年を記念してBSフジの「プライムニュース」という報道番組が特番を企画した。ゲストとして呼ばれた私と陳さんは、2時間にわたって議論を交わした。そして今回、ビジネス社の計らいで彼と再び対談するチャンスを得て、東京において2日間、ふたりでたっぷりと語り合って議論を深めて出来上がったのが、すなわち本書である。

本書の内容を一言でいえば、現在の習近平政権に対し、我々ふたりが持つ限りの情報力と分析力を駆使して行った、全面的な「身体検査」である。つまり、我々は2日間、政策・権力構造及び経済・外交など多岐にわたって、習政権という生物体の「内臓器官」から「神経系統」までの各部分に、一々分析のメスを入れて精密検査を行い、その生態的な秘密や隠されている病巣、アキレス腱を一気に抉り出したわけである。

その結果、今では国内で毛沢東流の独裁色を強め、国際社会で超強硬外交を強引に進めるこの習近平政権の本質とは一体何なのか、という国際社会の共通した疑問にひとつの明確な答えを出すことができた。手前味噌で恐縮だが、お互い中国出身者である我々のこの対談本こそは、今まで日本で出版された類似本のなかで、習近平政権の内実に最も深くメスを入れ、政権の全体像を最も明確に浮き彫りにした1冊となったのではないかと思う。

日本との関係に関していえば、今年6月に起きた中国軍艦の日本領海侵犯や中国軍機の自衛隊機に対する危険な挑発からもわかるように、習近平政権が進めている強引な覇権主義戦略は今や日本にとって安全保障上、最大の脅威となっており、この脅威は目の前の現実として日々迫ってきていることは周知の通りである。言ってみれば、この習近平政権こそが、今や日本にとっての最大の敵となっていると言っても過言ではない。

その際、「敵を知り、己を知れば百戦危うからず」との故事もあるように、習政権と渡り合って日本の安全と平和を守っていくためには、日本人は当然、まずこの政権の内実と特質を知っておくべきであろう。習政権は一体何を目指して、今後どうなっていくのか。彼らの野望と力の所在、そして、そのアキレス腱を知っていれば、対処する方法も自ずと見えてくる。

したがって本書は、まさに多くの日本人の読者に、習近平その人と習政権の特質と秘密と今後の行方を知ってもらうために作った1冊であり、それこそは、我々ふたりが東京において対談を行ったことの目的である。

本書がこのような使命を十分に果たしているかどうか。我々の対談が読者の皆様の「習近平観察」の一助になったかどうか。それは当然、皆様の読後のご判断によるものとなるが、著者の我々自身としては、十分な自信を持ってお勧めできる1冊となっていると思う。

最後に、著者のひとりとして、対談に応じて下さった我が同志の陳破空さんに御礼を申し上げたい。そして、本書を手に取っていただいた読者の皆様にはただただ、感謝の気持ちで胸がいっぱいである。

平成28年7月初旬

日本・大阪にて　石　平

はじめに —— 2

第1章 反腐敗、政治闘争、暗殺計画 ～就任以来、劣化し続ける権力基盤～

「核心」をめぐる権力闘争とあっけない敗北 —— 14
異例の失敗露呈でメンツ丸つぶれ —— 17
もうひとつの習近平批判書簡 —— 19
孤独を強いられる李克強の苦境 —— 21
まさかの李克強指導部誕生という策略 —— 23
王岐山が使いこなした政治闘争の道具 —— 25
「10日文革」と増長する中央規律検査委員会の権力 —— 28
次々に動き出す「習近平暗殺計画」 —— 32
状況に応じて旗色を変える中国政治の「右派」と「左派」 —— 35
中国政治における「長老」の本当の意味 —— 37
毛沢東も鄧小平も習近平も勝てない中央宣伝部の権力 —— 38
習近平は、なぜ「中国最後の指導者」とされてしまったのか? —— 42

第2章 書店員拘束、パナマ文書、反腐敗挫折 ～私情と私憤が招いた四面楚歌～

暴露本『習近平と彼の愛人たち』騒動 ―― 48
習近平を手玉に取った強欲な商人 ―― 50
「文革の再来」となる行きすぎた「見せしめ」 ―― 52
ブーメランとして返ってきた「一国二制度」破壊の報い ―― 54
常に未熟で稚拙な習近平の政治的な振る舞い ―― 57
「パナマ文書」で明らかとなった習一族の〝錬金術〟 ―― 59
スネに傷持つ政治家しかトップになれない政治システム ―― 61
道を踏み外した原因は薄熙来との闘争？ ―― 64

第3章 機密流出、軍改革、内部分裂 ～国内外で動き始めた時限爆弾～

令計画の首を取り総書記に就任した習近平 ―― 68

第4章

情報操作、巨大債務、大逃亡
～劇薬すら効かないゾンビ経済～

アメリカでスイッチが入った「令完成」という名の時限爆弾――71
晴れの舞台が一変、メンツを潰す場となった軍事パレード――73
息を吹き返した江沢民とその一族――75
習近平が絶対に避けたかった胡錦濤の二の舞とは？――77
「少将」は500万元、「中将」が1000万元――79
実は胡錦濤派が占めている軍の中枢人事――82
軍改革と反腐敗が呼び起こすクーデター――84
毎年2けた増の軍事費はどこに消えたのか？――87
腐敗、反腐敗ともに共産党滅亡を引き起こす――90
上海株式市場をめぐるつばぜり合い――94
2015年の中国経済の実態はマイナス成長！――96
正鵠を射ていたドナルド・トランプ氏の分析――99
中国全土に広がる借金の山――102

広大なマーケットにまったく欠けている消費力――104
麻薬のように中国経済をむしばむ「放水」頼み政策――107
「リコノミクス」の消滅、「シーコノミクス」の失敗――110
「経済王」外しが生んだ皮肉な余波――111
「爆買い」に如実に現れるいびつな社会構造――115
富裕層が逃げ、そして貧困層と「霧霾」だけが残る――118
気軽に手を出して抜け出せなくなる3つのモデル――119

第5章
中国夢、尖閣有事、対中包囲網
～孤立無援となった紅い軍国主義～

70年以上狙い続けてきた南シナ海への野望――124
「中華民族の偉大な復興」の終着点――127
関係改善の機を失ってしまった米中対立――129
南シナ海で着々と広がる中国包囲網――132
「新冷戦宣言」だった「新型大国関係」――135
アメリカが絶対にアジアを手放さない理由――138

南シナ海から始まるポジティブな軍拡競争――140
権力闘争の手段にすぎなかった尖閣反日デモ――144
今、中国が尖閣問題を持ち出さない本当の理由――146
日本と南シナ海問題の抜き差しならない関係――148
対外強硬姿勢から透けて見える紅い帝国の末路――151

第6章 反中北朝鮮、中露摩擦、日本核武装 ～自ら招いた不安と不信の近隣外交～

自ら「両岸統一」の機を逸するという中国の愚――156
実ははなから親中国家ではなかった北朝鮮――159
中国に核ミサイルを打ち込むのも辞さない金正恩の決意――161
いともたやすくハシゴを外された朴槿恵の誤算――164
壮大なる無駄に終わった南米への投資――167
習近平・プーチン関係と中露関係の大きな違い――169
ロシアが必要な中国、中国と離れたいロシア――173
中国を追い詰めるトランプ氏の日韓核武装発言――176

日本が核武装すると一体何が変わるのか？――178
中国のひとり相撲で冷戦時代に逆戻りする日中関係――180
常に国内の顔色しかうかがえない習近平の限界――182
第7章

政変、空中分解、寿命70年
～2017年に待つ哀しい結末～

しぶとい胡錦濤によるポスト習近平布陣――188
誰が次の出世争いをリードしているのか？――190
権力闘争から生まれた恣意的な「政敵追い落としルール」――194
習近平流ニュールールは果たしてどこまで通用するのか？――197
習近平がもくろむ「政変」という切り札――198
四人組が残した意外な人事の知恵――201
ノールールのバトルロワイヤルの先にあるもの――204
いつ倒れるかではなく、どうやって死ぬかが問題――206
「最後の指導者」が最後に選ぶ究極の選択肢――208

エピローグ
天安門、大阪、ニューヨーク
~祖国を厳しく見続ける本当の理由~

おわりに――219

著者撮影　外川孝

第1章

反腐敗、政治闘争、暗殺計画

～就任以来、劣化し続ける権力基盤～

「核心」をめぐる権力闘争とあっけない敗北

石平　今回陳さんが来日し、私たちが対談を行うのは、天から与えられた好機だと考えている。なぜなら、中国、そして習近平に関して、今語っておかねばならないことがたくさんあるからだ。もっとも、私たちにとっては好機だが、中国共産党政府にとってはどうやら違うようだ。まず、2016年前半のハイライトともいうべき、3月に開かれた全国人民代表大会（全人代）と全国人民政治協商会議、いわゆる「両会」[1]から始めよう。

この間、興味深い動きが多くあった。3月4日、**新疆ウイグル自治区管轄下の『無界新聞』**[2]**が、公然と習近平に辞職を求める公開書簡を掲載した**のだ。この公開書簡を見て、陳さんはどう感じたか。

陳破空　そこには「習近平の辞職を求めたのは、習近平個人とその家族の安全のためだ」と書かれていた。つまり、**党内の政敵による脅迫状**だろう。しかも新疆ウイグルの公式ネットで公表されたことに大きな意味があると思う。新疆政治局委員で新疆党委員会書記の張春賢《ちょうしゅんけん》[3]は、両会で興味深い発言をしていた。記者が彼に「習近平指導部を支持しているか」と質問したところ、彼は無表情で「またの時に（述べる）」と答えをはぐらかしたのだ。

1. 全国人民代表大会とは、中国における立法機関で、省や人民解放軍で選出された代表で構成される。定数は最大3000人で年に1回、3月頃に開かれる。同時に開かれるのが全国人民政治協商会議で、こちらは名誉職的な色合いが強い。
2. 財訊集団とジャック・マー率いるネット通販王手「アリババ」と新疆ウィグル自治区が出資したニュースサイト。財訊集団は江沢民と関係が深い。

これは非常に意味深な答え方だ。なぜなら、実は彼は党内でも大物の反習近平派なのである。

石平　陳さんも知っていると思うが、今年の1月、いくつもの地方政府がこぞって習近平を「習核心」と称する動きがあった。初めは天津市の代理書記、その後、各省市の書記がそれに続いた。だが、そもそも「核心」という言葉は「江沢民」[4]への特別な称号で、政治権力の中心を象徴する言葉だ。よく使われる言い方は「江沢民同志を核心とする党の中央」で、彼の地位をことさら強調している。

ところが、胡錦濤[5]時代に入ると、「核心」という言葉が使われなくなった。胡錦濤の10年間によく使われた言い方は「胡錦濤同志を総書記とする党の中央」だが、これは冗談のような言葉だ。なぜなら胡錦濤はすでに総書記なので、わざわざ「総書記とする党の中央」といったところで何の意味もない。この言い方が、当時の胡錦濤のお飾り的な地位を図らずも物語っている。習近平時代になっても、当初は胡錦濤時代同様、「習近平同志を総書記とする党の中央」と言っていた。ところが、今年の1月、突然地方政府のトップが、彼に「核心」という言葉を〝贈呈〟しだしたのだ。

陳破空　実は、この**習近平を「核心」と称する動き自体、党内の権力闘争が激化していることの表れ**だ。石さんが言ったように、「核心」とは江沢民のことであることは言わずも

3. 1953～。ハルビン工業大学修士。中国共産党中央政治局委員、新疆ウイグル自治区党委員会書記、新疆生産建設兵団第一政治委員在任中。江派。
4. 1926～。第3代総書記。鄧小平の後任者。上海交通大学卒。とりわけ上海に強い影響を持っている。

がな。そもそも、鄧小平が[6]歴代指導者に「核心」が必要だと話したのがきっかけで、江沢民がその称号を継ぐことができたわけだが、胡錦濤政権になっても彼はその地位を譲らず、中央軍事委員会[7]や中央政治法律委員会[8]、中央政治局常務委員会[9]の江沢民派を通じて、胡錦濤に10年にわたり絶対的権力を与えず、その核心的地位も渡さなかった。つまり、胡錦濤時代においても「江核心」は続き、胡錦濤はいわば〝傀儡《かいらい》〟でしかなかったのだ。江沢民は、まさに『論語』にある「老いて死せず、是を賊となす」[10]のようなものだ。

ところが、習近平は指導者になると「核心」への野心を抱きだす。そこで、習は「核心」と称せられるよう策動したが、一部の地方政府トップの支持しか得られなかった。なぜなら、**江沢民は生きている、つまり「江核心」も未だ健在**だからだ。

「習核心」と「江核心」、このいずれを選ぶのか、多くの重要な省と市のトップたち、たとえば、広東省の胡春華《こしゅんか》[11]、上海の韓正《かんせい》[12]、重慶の孫政才《そんせいさい》[13]、北京の郭金龍《かくきんりゅう》[14]らは、いずれも意志表明をしていない。そのうえ、先述の新疆党委員会書記、張春賢による「またの時」発言だ。これは習近平陣営と江沢民陣営の戦いが激化し、江沢民陣営はある程度抑えられているが、一方の習近平の地位も権力も必ずしも安定していないことの表れだといえる。

石平　**最終的に3分の2の地方政府が「習核心」の意志表明をしたが、言い換えれば3分の1の地方政府トップは意志表明をしていない**ということ。しかも、彼らの多くは政治局

5. 1942〜。第4代総書記。江沢民の後任者。共産主義青年団（共青団）出身者の派閥、団派の指導者。
6. 1904〜1997。革命第2世代の最高指導者。中国を改革開放路線へと導く。現在の共産党指導体制の礎を築いた。
7. 軍事面の政策を決定する最高機関。任期は5年。初代主席は鄧小平。

委員を兼任する実力者である。

そもそも、江沢民が「核心」となったのは、鄧小平の「中央に統一した意志を持ち、下は従えばいい」という言葉に従ったからだ。ところが、**今回、習近平が自らを核心にしようとして地方から発案させたのは、実際に中央でそれに賛同する人がおらず、つまり「統一した意志」が持てず、そこで、〝地方発信〟という形で強行突破を図ろうとしたため**だ。しかし、中央は一致団結して抵抗し、常務委員会も無反応だった。私は毎日『人民日報』をチェックしているが、同紙も何ら評論を加えていない。しかも、2月下旬になると、「核心」話自体が、そもそもなかったものとされてしまったのだ。

異例の失敗露呈でメンツ丸つぶれ

陳破空　一方で、両会で核心について、はっきり意見を述べた者もいる。曽慶紅《そけいこう》[15]前国家副主席の秘書、施芝鴻《ししこう》[16]で、江派閥の一員である。「習近平核心」について記者に聞かれた際、彼は、「ウェイボー[17]ですでに答えているから読みたまえ」と述べた。その投稿文で彼は核心について3つの定義を述べたが、なかでも重要なのは、常務委員会で「全員一致で、人民も満足し支持する核心を形成する」というものだ。

8. 情報、司法、公安（警察）、検察などの分野を指導するという絶大な権限を持つ機関。かつて周永康などがトップを務めた。
9. 中国共産党における最高意思決定機関。総書記、首相などはこの委員から選ばれる。委員の数は胡錦濤時代は9人だったが、習近平体制で7人となった。

この回りくどい定義で彼がほのめかしているのは、核心が未だ形成されていないということだ。少なくとも「人民が満足し支持する」ようにはなっていないのだから。つまり、施芝鴻は明らかに「習近平核心」に反対の意を表明している。彼が反対ということは、当然、曽慶紅も、江沢民も、そして江派全体も反対である。このウェイボー文書は、未だ権力闘争が継続中であることを示している。

しかも**胡錦濤をトップとする共産主義青年団（共青団）**[18]**、いわゆる団派も「習核心」を支持していない。**ゆえに習近平は両会でとても機嫌が悪かった。顔色は厳しく、ほとんど一言も発することはなかった。その原因のひとつが、両会前後の根回しに失敗し、「習核心」への支持をうまくとりつけられなかったことである。

石平　江派はもとより、たとえば胡春華など団派も反対したため、**結果的には2月中旬には「習核心」の話は立ち消え**になってしまった。私が中国メディアをチェックした限り、1月に「習核心」を表明していた書記たちも、口をつぐんでしまった。**習近平は自ら「核心」を樹立しに動き、見事、途中で失敗した**わけだ。

このように、**政治工作が途中で失敗するということは中国政界においては極めて稀**なこと。通常、中国共産党が事を成す際には、周到な計画を立て、それから一気に成し遂げていく。習近平も当初は、一部の地方の書記に「核心」を言い出させ、その後すべての書記

10.『論語』に登場する言葉。「歳をとっても死ぬに死ねない、こんな輩は社会の害だ」という意味。
11. 1963〜。北京大学卒。中国共産党中央政治局委員、広東省委書記、共青団中央書記処第一書記在任中。団派。

が応じれば、中央も従わざるをえなくなり、一気に「核心」を樹立できると思っていただろう。

しかし、権力を完全に手中にしていたわけではなかったのだから、この途中での失敗はさらなる打撃になったと思う。**事を成し遂げられず、みんなの笑い者になってメンツもなくなり、しかも党内の支持を得られていないこともばれてしまった。**これでは、彼についていきたい人も疑問を抱いただろう。このまま習近平と一緒でいいのかと。

もうひとつの習近平批判書簡

陳破空　確かに、「核心」の称号を求めて動いたが成し遂げられず、習近平は大きな打撃を受けている。さらに痛手になっているのは、２通の公開書簡だ。１通は、先ほども言及した新疆で公表されたもの。もうひとつは、党に忠誠を誓った１７１名の党員が連名した公開書簡である。

石平　後者は国外での出来事だ。

陳破空　いや、もはや国内とか国外とか関係ないのではないか。

この２通の公開書簡は習近平の施政３年間の問題を指摘し、**「５大罪状」**を並べた。具

12. 1954～。華東師範大学経済学修士。中国共産党中央政治局委員、上海市党委書記在任中。江派。
13. 1963～。北京市農林科学院農学博士。中国共産党中央政治局委員、重慶市党委員会書記在任中。温家宝とは親しい関係。

体的には、**「個人崇拝」「独裁」「不要不急の海外支援」「軍への介入」「私生活の乱れ」**とされる。鄧小平が決めた「韜光養晦《とうこうようかい》」[19]という外交政策に反して、特にアメリカとの関係を緊張させ、周辺諸国と敵対し、北朝鮮が核兵器を持つのを黙認し、経済支援した。また、経済の減退や株の暴落によって、人民に多大な損害をもたらしている。「反腐敗」も自己保身のための単なる権力闘争にすぎないというわけだ。

さらに、中国共産党の規定には「個人崇拝反対」ということが明記されているにもかかわらず、自身への個人崇拝を強め、あまつさえ**自分を露骨に称える歌謡曲すら制作**したと指摘。一例を挙げると**「嫁ぐなら習大大（習近平の愛称）のような人のところへ」「あなたにどう言えばいいのかわからない」「総書記の背中を見つめる」といった曲**だという。

結論を急ごう。中国に古くから伝わる諺がある。「天無二日、土無二主」[20]、「一山容不得二虎」[21]というものだ。現状はまったくこの通りで、江沢民という老害が未だ退いておらず「江核心」が続いているわけだから、つまり、習近平と江沢民の戦いも終わっていないということだ。現状、ひとつしかないはずの「核心」がふたつ存在し、双方が綱引きを続けている。一時は習近平が勝ったように見えたのだが、最近ではそうは思えない。多くの人が習近平は権力を把握していると思い込んでいるだろうが、実際、まだまだ権力固めの途上で、しかも、絶えず挫折を味わっているのだ。

14. 1947〜。南京大学卒。中国共産党中央政治局委員、北京市党委員会書記在任中。江派。
15. 1939〜。前国家副主席。江沢民の側近。石油利権に関係し、反腐敗の対象中の「トラ」のひとりだが、未だに逮捕されていない。

孤独を強いられる李克強の苦境

石平　先述の習近平に辞職勧告した公開書簡が、まず張春賢が管轄する新疆ウイグルの『無界新聞』で発表されたこと。これが偶然とは考えにくい。背景のひとつは、陳さんが言っていた江沢民の存在、習近平と江沢民および江派との闘いだ。だが、もうひとつは、最近の出来事とかかわりがあると思う。個人的な見解だが、この何年間かの反腐敗の最終目的は、江派を抑え、その核心的地位を奪い取りたいというところにあった。そのために江派と激しく争い、対立も深まった。

しかし、江沢民と戦えたのは、少なくとも当初は団派、つまり胡錦濤陣営と習近平が協力関係にあったからだと思う。陳さんも知っているように、団派にとって江沢民は仇敵であり、習近平と手を組んで江沢民を政界の中心から追いやった。つまり、習近平が就任当初の政治闘争において優位に立つことができたのは、団派の支持を得ていたことが重要な要素であったといえる。

しかし、最近の状況を見るに、習近平は団派との関係も険悪になったのではないか。

2016年3月の全人代で、全世界が見つめるなかで行われた李克強とのやり取りなど、

16. 生年不明。曽慶紅の元秘書。中国人民政治協商会議全国委員会、社会和法制委員会副主任在任中。江沢民派。

17. 中国版ツイッターともいえる同国最大のSNS。個人アカウント登録数約5億6000万。

その最たるものだろう。すなわち、**壇上に座っている習近平と李克強の間には会期中に何のコミュニケーションもなく、李克強が報告しても習近平はまったくの無関心をよそおい、一切拍手もしなかった。**李克強がお辞儀し、壇上にいる代表たちが拍手をしているなか、習近平だけは座ったままだった。

ご存じのように、このようなことは今までの中国政治の表舞台では見たことがない。陳さんも述べていたように、**水面下では激しい権力闘争が繰り広げられていても、政治の表舞台、公式の場では和を保ち、政治闘争を表面的にさらすことなど決してなかった。それが〝鉄の掟〟だから**だ。

しかし、習近平は公衆の面前でこうした態度をとった。当然、世界中から見られることなど承知の上だ。習近平が全人代という最大の政治舞台で李克強への不満を露わにしたこのとき、すでに彼と団派は緊張関係にあったのだ。結局、習近平は江派と戦う一方で、団派とも険悪になった。まるで、自分の政治的基盤を自ら破壊したようなものだ。このような流れのなかで私が思うに、習近平と、その懐刀として知られる王岐山《おうきざん》[22]との関係も、以前のような〝鉄の同盟〟ではなくなったのではないか。

18. 中国共産党の青年組織。略称、共青団。党内派閥は団派と呼ばれる。党員のエリート組織で、胡錦濤や李克強などを輩出している。
19. 鄧小平が使った言葉。国力が整うまで国際社会で目立たないようにし、力を蓄えるという戦略を表す。

まさかの李克強指導部誕生という策略

陳破空　私の見方はちょっと違うが、その前に全人代の異様さについて補足を。全人代でこれまでに見たことのない光景が他にもあった。江沢民、胡錦濤時代の全人代では、常務委員のお茶汲み担当は全員女性だった。しかし今回、お茶係は女性ではなく男性に代わっていたのだ。その理由のひとつは、習近平は江沢民と違って女好きではないということをアピールするためである。江沢民はお茶を入れた女性をニヤニヤしながら下品に見つめていたが、自分はそんなのとは違う真面目な人間だと印象づけようとしたのだ。

だが、より重要な理由は以下の通りだ。すなわち、お茶係の３人の男性は、ひとりが３人の常務委員にお茶を入れ、もうひとりが他の３人の常務委員に入れる一方、習近平には必ず同じ人がお茶を入れていた。それはどういうことか。**彼は暗殺されたり、毒を盛られたりすることのないよう、特定の人間が入れたお茶以外は飲まなかった**のだ。お茶係は習近平の側近だと思うが、それくらい今回の全人代は安全ではなかったということ。ここからも、今回の全人代がいかに異様なものだったかがうかがい知れる。

また、会場での習近平の様子が、非常に不機嫌だったことは先に述べた通りだが、その

20.「天にふたつの太陽がないように、国にふたりの君主はいてはならない」という故事。
21.「ひとつの山に２頭の虎は住めないように、強者は並び立たない」という故事。

要因のひとつとなったのが、党内の「打倒習近平連盟」ともいうべき勢力から流れた〝噂〟だ。それは、**習近平亡きあと、次の指導者になるのは李克強ではないか**というもの。習近平はこの噂について非常に不満だった。

他方、おそらくその気のない李克強も噂自体は耳にしていたのであろう。だから、私たちが見たように、全人代で「政府活動報告」をしている最中、李克強は緊張のあまり最初から最後までずっと汗をかきっぱなしだったのだ。また、彼と習近平との関係は、「握手がない」「会話がない」「拍手がない」という〝三無状態〟。李克強の報告中、習近平は一度たりとも拍手しなかったばかりか、憮然とした顔で座っているだけだった。とにかく李克強が自分に取って代わり、次の後継者になるかもしれないという噂について、明らかに怒っていたのだ。

ところが、実は李克強について、もうひとつ印象的な出来事があった。両会では顔面蒼白で汗まみれになり倒れそうだった李克強が、全人代に出席した新疆代表団との話し合いの席では一転、すっかり様子が変わり、意気揚々として興奮気味に周囲と談笑していたのだ。それは、張春賢らが新疆代表団の連中が彼を支持していたからである。

そもそも、李克強は総理就任以来、「史上最弱の総理」と言われている。なぜ最弱かというと2012年の「18大」[23]（中国共産党第18回全国代表大会）での派閥闘争の結果、団派

22. 1948〜。西北大学卒。中国共産党中央政治局常務委員、中国共産党中央規律検査委員会書記在任中。太子党。姚依林元国務院常務副総理（第一副首相）の娘である姚明珊と婚姻関係。
23. 中国共産党第18回全国代表大会（党大会）の略称。党大会はしばしばこのように省略される。

は李克強しか常務委員に就任できず、彼は常務委員会で孤立無援になってしまったからだ。一方、江派は4人が常務委員となり、残りは習近平と王岐山の太子党連合だ。本来なら習近平はひとりぼっちになった李克強を仲間に加えるべきだった。それなのに追い詰めて排除してしまった。習近平体制が確立するまで、李克強は習と権力争いをずっとしており、そのときのことがお互いのわだかまりとして依然残っていたからだ。

そこで、先ほど石さんが指摘した習近平と王岐山の話に戻ろう。端的に言うと、私はふたりの関係はこじれていないと思う。おそらく任志強《にんしきょう》[24]問題のことで……。

石平　そう、私が言う王岐山の問題は、この任志強がからんだことだ。

王岐山が使いこなした政治闘争の道具

陳破空　確かに王岐山、任志強問題は重要なので、ここで説明を加えよう。任志強は太子党で、いわゆる「紅二代」[25]である。たびたび歯に衣着せぬ政治批判を行うことで知られている。父親は商業部副部長だ。一方、王岐山の妻の父は姚依林《よういりん》[26]で、任志強の父親と同僚だった。任志強が中学生の頃、王岐山は彼の補導員で、ふたりは師弟関係でもあった。その後、文化大革命[27]（文革）時に彼らは一緒に陝西省の生産隊に下放《かほう》されたが、そこで強いき

24. 1951～。中国人民大学卒。北京銀行監事、新華人寿保険董事、大手不動産会社「華遠地産」会長を務め、現在は北京市政協委員。
25. 太子党と呼ばれる高級幹部の子女のうち、なかでも中華人民共和国建国以前に共産革命に参加し、日中戦争や中国国民党との内戦で活躍・貢献した幹部たちの子女の呼称。習近平など。

ずなを結んだ。そのため、今でも任志強は、たとえ真夜中であっても常務委員である王岐山に直に電話を掛けられるのである。

それで今年の2月、習近平が共産党の3大メディア、つまり「新華社」「人民日報」「中央電視台」を視察し「党のメディアは党に従うべきだ」と述べると、任志強が反発し、ウェイボーで次のようにコメントした。

「『党のメディアは党に従うべきだ』と言うが、いつから党は人民に従わなくなったのか？ いつから人民政府は党政府に変わったのか？ 税金を払っているのは誰なのか？ 人民なのか、それとも党なのか？ それならば党が税金を払えばよいではないか」

この結果、任志強のウェイボーアカウントは強制削除され、メディアをコントロールする中央宣伝部（中宣部）から激しいバッシングを受けた。中宣部を牛耳っているのは劉雲《りゅううん》山《ざん》。[28] 彼は江派で、この一件を利用すれば、任志強を排除できると考えた。ところが、王岐山は任志強を守るため、中央規律検査委員会[29]（中規委）から「千人之諾諾、不如一士之諤諤」[30]という文章を公表し、任志強の肩を持つ。これで任志強は党員除名や免職に追い込まれず、「党内1年監察」という軽い処分で済んだのだ。

この出来事によって、多くの人が王岐山と習近平の関係が悪化したと考えた。しかし、それは違う。ご存じのように、中国社会は〝**関係**《グワンシ》〟を重視する。「左派」とか「右派」と

26. 1917～1994。清華大学卒。元国務院常務副総理（第一副首相）。
27. 1966～1976まで続いた毛沢東による党内権力闘争。当初は資本主義的傾向への批判運動だったが、反革命のレッテル張りとパージがエスカレートし社会、家族まで分断する闘争に転換。また、青少年は下放という地方での労働への従事を余儀なくされた。今なお中国社会に深い傷を残している。

かいうものは、ただ争うための道具にすぎない。習近平は表面上は「左派」だが、政治局常務委員で唯一の同盟関係にある王岐山は自由派、つまり「右派」である。北京市委員会が管理する「千龍」というホームページがあり、「左派」の劉雲山らはここに文章を掲載し、直接名指しはせずに王岐山を批判した。文面はあたかも任志強を批判しているように装いながら、実際は王岐山のことを責めたのだ。たとえば、任志強の後ろ盾は「壁押し派」[31]であるとし、欧米流の憲政を中国で実行しようとする王岐山を、「壁押し派」「自由派」「憲政派」だとしている。

だが、王岐山と習近平の関係はそれでも緊密だ。太子党で、下放の場所も同じ陝西省の農村で、鉄壁の仲といわれるような関係である。「左派」や「右派」の違い程度で争い合って関係が崩れたりすることはありえない。そもそも、**中国上層部のなかで、誰が本当の「左派」であり、誰が本当の「右派」なのか、誰が偽物の「左派」で、誰が偽物の「右派」であるのかなんて誰も知らない。**「左派」と「右派」というものは単なる言葉上の闘争の道具であり、実際に大事なことは人間関係なのである。

習近平が就任以来、どうやって権力を把握したのかといえば、それは王岐山を頼ったからにほかならない。王岐山がなぜ習近平を助けることができたのかといえば、それは中規委を掌握しているからである。中規委もまた政治闘争の道具である。中規委は政治法律委

28. 1947～。中国共産党中央党校卒。中国共産党中央政治局常務委員（序列第５位）、中国共産党中央書記処常務書記、中国共産党中央党校校長在任中。江派。
29. 党の路線、方針、政策および決議の実行状況を点検し、党紀の乱れ、党員の腐敗などを取り締まる機関。略称、中規委。

員会とは違う。政治法律委員会は党外の人や敵対勢力を逮捕、処分することができるが、中規委は党人を逮捕できる。だから、ひとたび中規委が反腐敗やトラ叩き[32]を行うとなれば、誰でも捕まえることができるのだ。すべては王岐山と中規委のお陰で、習近平は権力を固めることができたわけで、習近平と王岐山との同盟は揺るぎないものだと思う。

「10日文革」と増長する中央規律検査委員会の権力

石平　陳さんが言っているのは可能性のひとつとしてはあり得るが、しかし中国の政治力学から見ると、個人の関係は要因のひとつではあるが、それがすべてを規定しているとも思えない。「鉄の同盟」なら、毛沢東時代[33]にもたくさんあったが……。

陳破空　毛沢東には鉄のような同盟関係を築けた人などいなかった。

石平　いや、毛沢東本人の話ではない。毛沢東時代という意味だ。あの当時、鉄壁の同盟関係だといわれていた人たち同士が、途中からはお互いに命を奪い合っていたし、歴史上にも似たような例はたくさんある。

ただ、いずれにせよ王岐山の最近の動きについて、面白く感じている人も多いだろう。ひとつは陳さんが言っていた中規委が出した文章のことだ。任志強がウェイボーで行った

30. せんにんのだくだくは、いっしのがくがくにしかず。つまり、「権勢に従順な1000人の部下など、自らの信念を持って直言できるひとりの部下にも及ばない」という『史記』の言葉。
31. 普段は中立の立場だが、共産党が劣勢に立たされた場合、壁を押すように党を倒す可能性があると思われている人々を総じて揶揄した言葉。

「習批判」に対し、劉雲山が支配する中宣部が２０１６年2月20日から29日まで猛烈なバッシングを起こしたことを「10日文革」と呼ぶ。あたかも文革時の「吊るし上げ」のような勢いで任志強を猛批判したからだ。

ところが、王岐山の文章が出た途端に、「10日文革」の波がすーっと引いてしまった。要するに中規委の文章が10日文革を蹴散らしたわけだ。では、10日文革は誰の仕業だったのか？　そのひとりは陳さんも言及した通り劉雲山である。しかし、私は劉雲山だけではないと思う……。

陳破空　劉雲山と、それに習近平の責任だ。

石平　その通り。少なくとも、習近平は知っていてしかも同意したはずだ。そして、任志強に対する中宣部のバッシングも、もちろん習近平は知っているし同意もした。任志強と王岐山の関係が親密であることは習近平も重々知っている。そうと知りながら、任志強を処分したということになると、王岐山との関係を壊したのは習近平ということになる。王岐山の立場から見れば、習近平は王岐山のメンツに配慮していないということになろう。

もうひとつ言えば、将来、王岐山がどのような選択をするのかということも重要だ。陳さんの言う通り、王岐山は一貫して中規委で反腐敗に力を注いでいる。**反腐敗は習近平の最大の功績であり、民心を獲得できたのはこのためである。つまり、王岐山の反腐敗があ**

32. 習近平が行っている汚職取り締まりの対象のうち、大物幹部を「トラ」と呼ぶ。習近平は小物だけでなく大物も取り締まるという意味の「トラ（老虎）もハエ（蒼蝿）もまとめて叩く」という言葉を中規委の演説で述べたといわれる。

ったから、今の習近平がいるのだ。

そして、中規委の権力は、もはや恐怖の域に達しているとさえいえる。中規委は、最終的に全官僚に対して権力行使することができるようになるだろう。常務委員以下、すべての共産党の幹部に対し無限の監視権力を持ち、ターゲットとなる人物がいれば自由に捜査ができる。摘発したい人物を摘発することができる。あら探しがしたければ、いくらでもできる。中国の官僚で問題がない者などいないわけだから。つまり、**この先、中国共産党幹部の生死を左右するのは王岐山**だということになる。

習近平は外交、政治、経済、軍事を管理しているが、**本当の権力を握っているのは、私の推測では、それは王岐山であり、彼は党内最後にして最恐の実力者となる**だろう。中国の明朝の東廠《とうしょう》[34]の宦官《かんがん》のように、しまいには皇帝の権利を奪ってしまう……。任志強の言動をめぐり中規委が出した文章というのは、ある意味では王岐山が皆に自分の力を見せつけるために出したもので、中宣部でさえも従わざるをえないものなのだ。

もうひとつ、細かいが重要な点に触れたい。陳さんが重視しているかどうかわからないが、私は日本の新聞で次のような指摘をした。すなわち、政治協商会議の閉幕式の後、壇上の指導者たちが退場していくなか、王岐山が習近平を追いかけ、後ろから習近平の肩を叩いたのだ。それからふたりで話しながら出ていった。

33. 1893〜1976。中国共産党創始者のひとりで中華人民共和国の建国者。建国の父として敬われる一方、1950年代の大躍進政策とその後の文革により数千万もの中国人犠牲者を生んだとされるなど、その業績に対しては賛否両論分かれている。

だが、これは考えてみれば不自然だ。たとえ習近平に用事があるのだとしても、退場したあとでいくらでも話せるわけで、わざわざみんなの前でこのようなことをしなくてもいいのではないか。実際、この行為は国家主席である習近平に対して、敬意の念がないとまでは言わなくても……。

陳破空　この行為はまさに、ふたりの関係が親密であるということのアピールではないか。

石平　そう解釈できる反面、**「あなたのことを絶対的な権威者だとは思っていない」という王岐山の気持ちの表れ**とも解釈できる。

かつて周恩来[35]が毛沢東といくら親密であっても、みんなの前で毛沢東の肩を叩くようなことはありえなかった。それを考えれば、みんなが見ていることを王岐山は知りながら、わざと習近平の肩を叩いたのではないかと思う。少なくとも、習近平の地位は自分よりそれほど高くないと示したかったのではないか。

もちろん、ふたりの関係が悪くなったとか、亀裂ができたとかそういうことではないだろうが、私が思うに、王岐山はこの行為と中規委の文章によって、みんなにあるサインを出した。それは、習近平との力関係が変化しているということ。以前のような同盟関係ではなくなったのだと思わせないでもない。そのように考えることができる。

34. 中国の明代、永楽帝時代に置かれた諜報活動に携わる情報特務機関のこと。
35. 1898～1976。毛沢東とともに共産党革命、そして中国発展に力を注いだ。中国建国後は一貫して国務院総理（首相）を務め、日中国交正常化などに尽力。

次々に動き出す「習近平暗殺計画」

陳破空　これに関しては、我々の見る角度が違うのだと思う。両会での王岐山のこの行為について、ふたりが話しながら出ていったことにはふたつの意味があるのではないか。ひとつは、この行為で、王岐山は他の政治常務委員と比べて、やはり習近平と仲がいいということを見せつけた。もうひとつは、今の時代、毛沢東のような権威的人物などはもうおらず、ふたりは地位の差で態度が変わるような関係にはないということを示したということだ。**習近平の就任以来、日本のメディアは「習李体制」という言い方を続けているが、そんなものは存在しておらず、本当の姿は「習王体制」なのだ。**

若い頃から形成された関係性、太子党という共通の背景、そして党上層部での緊密な協力……。実際、ふたりは相互依存の運命共同体だと思う。なぜなら、習近平は何度も暗殺とクーデターの危機に襲われたが、これらを解決したのは王岐山の中規委なのだ。

ここで、本書の大きなテーマのひとつである習近平暗殺の流れを追っておきたい。習近平は就任前にすでに暗殺の危険にさらされていた。2012年9月、彼は2週間ものあいだ行方不明になっていたことがある。これについて諸説出たが、**いずれにせよ最高指導者**

となることが決まった人物が、突然2週間も行方不明となり、米国務長官やシンガポール首相など外国要人との会見が全部キャンセルされたのは異常なことだといえよう。当時、権力闘争の激しさゆえ、いろいろな噂が飛び交っていた。いわく、江派の周永康《しゅうえいこう》[36]が暗殺しようとして会議室に爆弾を仕掛けた。あるいは、病院で毒を注射しようとした。はたまた交通事故を装って、習近平の背中に傷を負わせたなどなど……。

もちろん、就任後も暗殺計画はやむことがない。たとえば２０１４年４月30日、新疆ウルムチで大爆発が発生した。習近平はそのときちょうど新疆の視察中で、ウルムチを離れる予定日に大爆発が起こったのだ。これは国家安全部副部長、馬建《まけん》[37]の仕業だとされている。馬建は周永康の側近で、当時、周は軟禁されていたが、馬建は独自に動いていた。その後、馬建は２０１５年１月に王岐山によって逮捕される。罪名は「汚職」だったが、本当は盗聴・盗撮によって得た幹部の機密漏洩えい阻止と、さらなるクーデターを阻止することが目的であったといわれる。

また、２０１４年の７月と８月に、北京と上海を結ぶ要路で非常に大規模な軍事演習が行われた。この軍事演習の期間中、北京・上海間の航空便が相次いでキャンセルとなった。この原因について、当初は軍事演習のためと発表されたが、そのあとすぐに否定されて、悪天候が原因だとされた。しかし信じる者など誰もいない。なぜなら、北京は当然政権の

36. 1942～。北京石油学院卒。元中国共産党中央政治局常務委員（9人中第9位）、中国共産党中央政法委員会書記、中国共産党中央治安綜合治理委員会主任などを歴任。2015年汚職で無期懲役刑確定。

37. 1956～。西南政法大学卒。元国家安全部副部長。2015年1月、中規委は馬建を調査していると発表した。江派。

所在地で、上海は長老・江沢民の大本営。この2大都市間での権力闘争が激しいなか、このような摩訶不思議な軍事演習が行われ、航空便までキャンセルされた。これが単なる天候不順のせいであるはずがないだろう。

さらに、もうひとつ付け加えたい。これから紹介する事件が発生したのは2015年8月のこと。この2015年8月という時期に注目してもらいたい。

毎年8月頃、共産党幹部と長老が河北省のリゾート地である北戴河《ほくたいが》に集まり、主要な政策などを決める会議、通称「北戴河会議」[38]が開かれている。去年2015年の開催に先立ち、中規委が突然、河北省委員会書記、周本順《しゅうほんじゅん》[39]を逮捕した。あとでわかったことだが、**周本順は北戴河でクーデターを起こし習近平を殺害することを計画していた**のだ。習近平と王岐山がこの動きを事前に察知し周本順を逮捕したことで、北戴河会議は単なる政治家の〝敬老会〟と化してしまった。

当時は権力闘争の激しさが日を追って増している時期で、実は7月に香港のメディアが北戴河会議の一部が天津浜海新区《てんしんひんかい》で開かれると報道された。この報道の後、8月12日に天津浜海新区で世界を驚かせたあの大爆発があったのだ。危険物の発火による爆発だといわれており、爆発現場で1台の謎の車が目撃されている。しかも、通常の事故の場合、指導者クラスが現場に急行するが、今回は事件後4日経ってから、ようやく李克強が訪れ、遠

38. 年に一度、夏に共産党指導者層や長老が河北省の避暑地である北戴河に集まって開く、非公式会議。毛沢東時代以来の慣習だが、義務化はされていない。北戴河は元々清の時代に外国人向けリゾート地として開発された。
39. 1953〜。武漢大学博士。元河北省共産党委書記。「重大な規律違反」により失脚。江派。

巻きに視察すると、すぐに去って行ってしまったのだ。習近平は一切現れなかった。

おそらく、**この一件は中央指導部を狙っての大規模な暗殺事件で、習近平だけでなく、王岐山も含め全員をなきものにしようと計画したもの**だと考えられる。この後も何度か暗殺計画があったが、その都度、習近平は中規委を使い、反腐敗という罪名で対処した。共産党員は誰もが腐敗分子だからこそ、反腐敗という道具を使って自分の権力を守ることができるのだ。

このような暗殺とクーデターの動きは未だに続いている。そして、今年の両会では、ついに習近平専用のお茶入れ役まで出てくる始末となったわけで、内部闘争の激しさは外部の想像をはるかに超えていることがわかる。

状況に応じて旗色を変える中国政治の「右派」と「左派」

石平　陳さんの話によれば、習近平はこの一連の政治闘争と暗殺未遂の嵐のなか、最後は中規委に守られているということだが、これは中国の権力構造にひとつの深刻な問題があるということではないだろうか。というのは、**習近平は王岐山に頼らなくてはならず、王岐山がいなければ、習近平は命の安全も確保できなくなるほどに危うい状況となってしま**

うからだ。

これを政治力学的に見ると、ある意味、王岐山は習近平を凌駕したと言えるわけで、習近平が王岐山を把握しているわけではない。権力バランス上では、王岐山が非常に有利な立場に立っている。つまり、**権力の実際の所有者は王岐山であり、習近平ではない**。そうであるならば王岐山が何を考え、将来はどのようにしたいのかが重要である。

先ほども陳さんが話したが、「左派」にとって王岐山は「右派」であり、憲政を擁護する立場に立つ。となると、少なくともこの何年間かで習近平がやってきたことは、王岐山の政治理念と相反していると思う。たとえば、彼は憲政派を逮捕鎮圧し、その勢いは毛沢東時代の恐怖政治を連想させるものさえある。つまり、習近平は政治的に脱線してしまっていて、王岐山はこれを問題視しているとは考えられないだろうか？

陳破空　私はこのように理解している。**1992年に鄧小平は、有名な「南巡講話」[40]で「右を警戒しなければならないが、重要なのは左を防止することだ」と述べた**。ここでの右は「自由化」、いわゆる西洋化と憲政化の代名詞だが、あくまで「警戒」するにとどまっている。むしろ重要なのは「左を防止」するほうで、「左」はいわゆる毛沢東路線、文革の遺物、階級闘争の類のものである。鄧小平がこの話をしたとき、当時の総書記である江沢民と李鵬首相[41]の姿勢は「極左」ともいえるもので、鄧小平はこれに不満を抱いていた。

40. 1992年の1～2月にかけ、鄧小平が中国南部の諸都市をめぐった際に語った講話。これにより改革開放路線が推進された。
41. 1928～。父が中国国民党に殺害されたとされ、そのため周恩来の養子となる。45年、中国共産党入党後、ソ連に留学。帰国後電力畑を歩む。その後、常務委員や国務院総理（首相）などを歴任。一族に電力会社関係者が多い。

とにかく、指導者の地位が不穏であればあるほど中国政治は「左」に寄る傾向が見られる。左派が正統的なのは、左派的な政権運営が党の規則や憲法に規定されているからだ。自由派、右派は党の規則や憲法に反している。胡耀邦《こようほう》[42]と趙紫陽《ちょうしよう》[43]の悲惨な運命は、その後の後継者にとっては大きな教訓になった。天安門事件が起こる前、胡耀邦と趙紫陽は自由化や政治改革を推進した結果、長老に追放され、胡耀邦は憤慨のあまり心臓発作で亡くなり、趙紫陽は16年間軟禁され、その最中に死亡した。これで、後の指導者たちがわかったことは、たとえ左になっても決して右になってはならないということだ。

中国政治における「長老」の本当の意味

陳破空　では、長老とは何者なのか。なぜ中国に長老という存在があるのか。その**存在意義とは政治の監視であり、政権の転覆防止**だ。たとえば、鄧小平は、中央顧問委員会で胡耀邦と趙紫陽の施政を監視していた。そして、胡耀邦と趙紫陽に自由化傾向と政治改革傾向が見られたからふたりは降ろされたのだ。江沢民がこれを真似し、胡錦濤と温家宝《おんかほう》[44]が何もできないように監視した。

さらに、胡錦濤一家と温家宝一家を腐敗に手を染めさせるところまで、江沢民は追い込

42. 1915～1989。中国抗日軍政大学卒。第3代中国共産党中央委員会主席・初代中国共産党中央委員会総書記。胡耀邦の死が天安門事件の引き金となった。
43. 1919～2005。革命第2世代の政治指導者として中国共産党中央委員会副主席、国務院総理（首相）、中国共産党中央委員会総書記などを歴任。天安門事件で失脚し、2005年に死去するまで軟禁生活を余儀なくされた。

む。たとえば2006年、胡錦濤一家は、空港のX線検査機導入にあたり、何十億元ものビジネスを受注した。温家宝の息子も、中国の4大保険会社のひとつである平安保険の何十億元もの株式を手に入れた。これで、江沢民は安心することができた。なぜなら自分同様、胡錦濤、温家宝ともに腐敗に手を染めたからだ。ここに「富民強国」、つまり庶民に富が行き渡り国を強くするという「胡温新政」は死に絶えたのである。胡錦濤は、2008年12月に開かれた改革開放30周年記念大会で「不折騰」[45]という言葉を述べた。最高指導者になり、さらに左派であることを示すことは自分の身の安全のためである。

毛沢東も鄧小平も習近平も勝てない中央宣伝部の権力

石平　では、習近平の極めて左派的な動きは、どこにその要因があるのだろうか。

陳破空　私は習近平時代も同じで、左派と右派とは中国共産党内の権力闘争でバランスをとるためのオモリだと思う。実は習近平が左派であろうが右派であろうが、本当だろうが偽りだろうが、本質的には関係ない。なぜなら、彼は自分の父親の理念にすら反しているのだ。

　彼の父親、習仲勲《しゅうちゅうくん》[46]は毛沢東と仲が悪く、16年間も投獄された。その後の鄧小平とも不仲

44. 1942～。中国地質大学卒。第6代国務院総理（首相）として胡錦濤体制を支えた。天安門事件で失脚した胡耀邦を尊敬している。

45. 折騰とは華北地方の方言で、寝返る、余計なことをするなどという意味を持つ。それに「不」をつけて「余計なことをしない」というような文意で、胡錦濤は述べたとされる。

で、胡耀邦と趙紫陽の免職処分に反対し、「天安門事件」の鎮圧にも反対していたのだ。一方で、習近平は就任以来、こうした父親の理念にことごとく反してきたのはこれまで見てきた通りである。

とにかく、彼は左に振れすぎてしまった。左に寄りすぎれば、今度は民心をなくし党心もなくす。なぜなら、左傾化競争とともに、常に「改革」も求められるからだ。そこで、中宣部を支配する劉雲山が習近平に罠を仕掛けた。左に寄るなら、とことん左に引っ張り出して後戻りできないようにし、皆のさらし者にする、というものだ。実際、習近平が政府の3大メディアを視察し、「党のメディアは党に従うべき」と述べたというのは先に解説した通りだが、**本当に言いたかったことは「党のメディアは習に従え」ということ。総書記である私に従えということ**なのだ。

だが、劉雲山にしてみれば、「習に従うのではなく、劉に従え」である。だから、中央テレビは習の視察に対し次のような意味深な反応をした。「党のメディアは党に従い、絶対忠誠です」というもので、意味するところは「党のメディアは党に従うが、あなたには従わない。絶対忠誠だが相手を選ぶ」ということ。それゆえ、習の視察は気まずくぎこちないものとなってしまった。この後、任志強に批判され、さらに左派にも責められている最中、両会が始まったのだ。

46. 1913～2002。中国共産党八大元老のひとりで習近平の父。文革で失脚し、復活後は深圳の開発などに力を入れた。
47. 1898～1969。第2代国家主席。毛沢東に次ぐ実力者だったが、文化大革命で資本派とみなされ失脚。最後は幽閉されて病死した。

忘れないでほしいのは、中宣部の権力は想像を絶するくらい絶大ということ。絶頂期の毛沢東はその一言で誰でも従わせる力を持っていた。しかし、文革前、彼は劉少奇[47]に権力の中枢から遠ざけられると、『人民日報』で意見を発表することすらできなくなってしまう。結局、毛沢東は上海へ行き、妻の江青[48]らの力を借りて、ようやく『文匯報《ぶんわいほう》』[49]で文章を発表することができたのだ。つまり、**毛沢東のような独裁者でも中宣部をコントロールすることなどできない**のである。

鄧小平も1992年の南巡の際、声明を発表できなかった。なぜなら、中宣部は江沢民と曽慶紅に牛耳られていたからだ。鄧小平は『珠海特区報』[50]を通して、ようやく「南巡講話」を出すことができた。中宣部というものが、いかに手ごわい存在かがこれでよくわかろう。

習近平は政権を握って3年以上経過したが、未だに中宣部を把握できていない。中宣部はずっと劉雲山の手中にある。彼は20年かけて中宣部をコントロールし、中宣部部長から常務委員に転じた今も強い影響力を保っている。そのため、習近平はどうすることもできず、言いたいことは自分の手のうちにある「澎湃ネット」[51]や、王岐山の「財新ネット」[52]を使って言うしかないという状況だ。

毛沢東は文革で群衆を動かして権力を取り戻した。鄧小平も、創設者のひとりである自

48. 1914～1991。山東省実験劇院（演劇学校）卒業。毛沢東の4番目の夫人。文化大革命を主導し「紅色女皇」と呼ばれた。文革末期には王洪文・張春橋・姚文元とともに「四人組」と呼ばれ、権勢をふるったが、毛沢東の死後に逮捕、投獄され、死刑判決。無期懲役に減刑後、病気治療のための仮釈放中に自殺した。

身への忠誠を誓う軍の力を利用して江沢民を脅し、政策を変更させた。ところが、習近平には何の後ろ盾もなく、中宣部に利用されて散々な目に遭った。鄧小平後の中国共産党の指導者が左派になる原因がこのことでも証明できる。つまり、力がなければ左に寄るしかないのだ。となると、左派は誰なのか、右派は誰なのか、誰が本当で誰が嘘なのかは誰にもわからない。左派も右派も闘争の道具にすぎないのだ。

石平　陳さんが先ほども話していたが、胡錦濤は絶えず自分が左派であることをアピールしていた。しかし、誰でもわかるが、胡錦濤はそうした態度を表明しているだけで、実際に彼は左派ではなく、その施政方針の基本は、ある意味では鄧小平体制の継続であり、外交政策に関しても、「韜光養晦」路線に沿っていた。経済においても、経済自由化、市場経済を徹底している。政治見解が違う者に対しても、胡錦濤は容赦ない制裁はしなかった。

しかし、習近平は政治的な必要性から左派を装っているだけでなく、本気で左派的政策を実行しようとしていることが明白なのではないか。習近平は毛沢東時代の政策を盛んに持ち出している。胡錦濤時代には毛沢東のことなど、一切触れられなかったのに……。私には、それが大変興味深い。

つまり、**習近平は、鄧小平以来の改革開放政策が限界に達し、もしこのまま続けていくならば、中国共産党はもたないと感じた**のだろう。そこで、「中国夢」[53]といったスローガ

49. 1938年に創刊された総合新聞紙。文革中に停刊され、文革後再発行し、現在に至る。
50. 1985年に創刊された中国共産党珠海市委員会の機関紙。
51. 2014年、上海の地方紙『東方早報』によって作られた、政府メディアのネット新聞。

ンをもって、〝共産党の言語体系〟を再構築することを重視し、インターネットなどでの〝言論統制〟を強めているのだ。自らに対する個人崇拝ムードを煽っているのも、共産党生き残りをかけてのことだろう。

こうした一連の動きから見ると、習近平は江沢民派とは公然と対立し、団派とも決裂し、そして左傾化についてもすべて独断で行ってきた。知っての通り、外交問題に関しても鄧小平路線に反している。だが、私が思うに、党内の大半の人はこのまま行くと、党が習近平に壊されてしまうとすら感じでいるのではないか。そのため、江派、胡錦濤率いる団派だけでなく王岐山も含め、習近平路線をこれ以上続けてはならない、との共通の認識が形成されたのではないかと思う。

習近平は、なぜ「中国最後の指導者」とされてしまったのか?

陳破空　習近平の現状と今後を考えるうえで、見逃せないのが次の一件だ。新華社が今年の3月13日、両会開催中に**「習近平は中国の最後の指導者」というタイトルの文章を発表した。ところが「これはミスだった」とし、すぐに訂正がなされた**のだ。しかし、当然のことながら、これが単なるミスだったという釈明にはふたつの疑問が残る。ひとつは、**中**

52. 2009年、設立された財政経済をテーマとするメディア。王岐山の支援を受け、大きく成長したといわれている。
53. 中華民族の偉大な復興のこと。中国が世界ナンバーワンの強国になるための構想ともいわれているが、実態は曖昧模糊としている。

国共産党の建国以来、このようなミスがあったことはただの一度もないうえに、なぜこのタイミングでこのようなことがあったのかということだ。「最後の指導者」という表現は、党内の策略家による〝戦略的ミス〟だと考えるべきではないか。ふたつ目は、**「最高指導者」とすべきところを入力ミスで「最後の指導者」にしてしまったと釈明しているが、しかし、そもそも中国では「最高指導者」という言い方は存在しない**という点だ。

石平　どうやれば「最高（zui gao）」という単語が「最後（zui hou）」になるのだろうか。

陳破空　そこだ。なぜ習近平が「最後の指導者」とされたのか。習近平政権の3年間は失政続きで、江派の不満は募り、また団派も憤まんやる方ない。さらに、個人崇拝、独裁政治で民心も失ってしまった。では、なぜ毛沢東も鄧小平も個人崇拝の対象となったのに、習近平はだめなのか。それはひとえに実績の違いだ。

毛沢東は国民党に打ち勝ち、共産中国を建国した。一方、鄧小平は毛沢東の政治路線を否定したうえで、社会主義市場経済を推進した。つまり、両者とも新しい体制を作り上げた実績があり、ゆえに個人崇拝の対象たりえたのだ。

ところが、習近平は何も残していないうえに、毛沢東も鄧小平も否定できないどころか、毛沢東の旗も鄧小平の旗も掲げている始末。江沢民を否定したところで、現実、彼はまだまだ存在感が強く、逆にたったひとりのもうすぐ90歳になる長老でさえ倒すことができないのか、ということになる。このような状況下では、個人崇拝を求めても逆効果にしかならない。

そもそも個人崇拝について、党の内外で反感を持っている人が多い。しかも、彼の権力は人民からではなく、あくまで党内からのものであるにもかかわらず、反腐敗で大勢の党員の怒りを買っている。そのうえで、団派を批判し、江派と戦い、となれば、党内で反習近平連盟が成立しているのは当然のことだと思われる。

石平　なるほど。反習近平連盟があるなら、主導者は江派であるはずだが、それならば胡錦濤はどのように考えているのだろうか。

陳破空　胡錦濤と温家宝が江沢民に協力するということはありえない。昨年9月3日の軍事パレードは記憶に新しいが、江沢民と胡錦濤が同時に天安門の城楼に現れた際、ふたりは目も合わせなかった。胡錦濤は全身が震えており――パーキンソン病にかかっているという人もいるが――私は仇敵が目の前にいたから震えていたのだと思う。

胡錦濤の後継者として、習近平を推したのは江派だったが、しかしその後に習近平の本当の支持者となったのは胡錦濤と温家宝である。習近平もやがて自分の地位を脅かしているのは江派だと知った。江沢民は彼を傀儡にしようとしたわけであるから、権力闘争は江派との争いとなったわけである。

しかし習近平は新生団派の機嫌を損ねてしまった。前にも触れた胡春華の世代である。習近平は「新生団派の基盤は脆い」と公言し、「後継者にはできない」と断言した。しかも、何度も述べたように、常務委員会の唯一の団派である李克強とも関係がうまくいっていないので、4人の江沢民派にはとうてい勝てない。

常務委員会のメンバーは彼の一存で決まるものではなく、長老側が指定した人物で構成されるため動かすことができない。そこで、習近平は「小組」という工作グループをいくつも作り、自らその長として政策の陣頭指揮を執る方針に転換したのだ。

ここで、ひとつ笑い話を紹介しよう。複数のグループの長に加えて、総書記、国家主席、軍委主席などを合わせると、十数個もの職務を兼任している習近平が、ある日、とある農村に視察に行くことになった。視察先の農家にそれを知らせなくてはならないので、役人が「総書記」「国家主席」「軍委主席」「深化改革グループ組長」など、合計15もの肩書を読み上げたところ、農民が困った顔でこう答えた。「視察に来てくれるのはありがたいが、うちは小さすぎて、そんなにたくさんの人が座る場所なんてないよ」と。

一方で、やはり権力中枢の任命は、政治局常務委員会を通さなければならない。たとえば、共産党の全体会議である2014年の18期4中全会（中国共産党第18期中央委員会第4回全体会議）と2015年の18期5中全会において、習近平は軍事委員会副主席のポストに自分の側近である張又俠《ちょうようきょう》[54]を就けようとしたが、成し得なかった。また、劉少奇の息子で自身に近い劉源《りゅうげん》[55]を軍紀律委員会書記に任命しようとしたが、これも失敗に終わる。

　このように、習近平は常務委員会など政治の中枢では何もできないに等しく、ゆえに「反習近平連盟」とも呼べる集団が、ここで醸成されたというわけである。**毛沢東や鄧小平の時代とは違い、共産党は集団的指導体制をとり、民間は改革開放を進めているにもかかわらず、今さら権力を集中し個人崇拝を求めるなど、土台無理な話**なのだ。

　こうして、自然な流れで党内の水面下で反習近平連盟が結成されたと思われる。これは当然、習近平にとって巨大なリスクであるのは間違いない。

石平　ここまで、かなり斬新かつ深い分析を行ってきた。習近平政権の最初の3年間は政治的に〝上り坂〟だったと仮に言えるならば、2016年の全人代を挟んで起きた一連の出来事から〝下り坂〟が始まったと言えるだろう。では、この章で見てきたような派閥争いが将来的にどのような影響を及ぼすのだろうか。

　本書の結論はおいおい触れていくことにして、次に習近平体制を脅かす「一国二制度」のほころび、そしてそれとからむ「パナマ文書」や個人的な腐敗について、その実態と影響を明らかにしていこう

54. 1950〜。中国共産党党中央軍事委員会委員、国家中央軍事委員会委員、中国人民解放軍総装備部部長。階級は上将。太子党。
55. 1951〜。首都師範大学卒。全国人民代表大会財政経済委員会副主任委員在任中。父は元中華人民共和国主席である劉少奇。2015年、満期定年による退役が発表された。太子党。

第2章

書店員拘束、パナマ文書、反腐敗挫折

〜私情と私憤が招いた四面楚歌〜

暴露本『習近平と彼の愛人たち』騒動

石平　第1章では、中国共産党の権力構造や内部闘争の実情について話した。陳さんの話にもあったように、**習近平はまさに〝四面楚歌〟**の状況になっている。このようなことになったのは、彼が政権運営、政策決定で数々の間違いを犯してきたからだ。

では、政治的な手腕に欠けているということだけが彼のマイナス点なのだろうか。どうもそうではないらしい。個人的資質という点にも問題があるということが、最近のニュースから浮き彫りになっている。たとえば、昨今非常に話題になっている**「パナマ文書」**。そこに習近平の姉とその夫、つまり義兄の名前があったが、それは一体どういうことを表し、またどんな結果をもたらすのだろうか。その話の前提として、実は取り上げたいのが、香港の書店が出版した『習近平と彼の愛人たち』という本、そしてそれにまつわる高圧的な〝拉致〟という「事件」についてだ。

この本に関して私も、そして日本の読者もよく知らないだろうが、まず、陳さんにこの辺りの詳しい事情について話してもらいたい。

陳破空　なるほど。ではかいつまんで説明したい。現在は閉店してしまったが、つい最近まで香港に「銅鑼湾書店《どうらわん》」という書店があった。オーナーはひとりは桂民海《けいみんかい》[1]、そしてもうひとりは李波《りは》[2]といい、その他にも数名のマネージャーがいた。これらの人たちが、2015年の10月から年末にかけて習近平の工作員によって国外で拉致、拘束されたのだ。なぜそんな事態が起こったのか。事のいきさつはこうだ。

この銅鑼湾書店は当初、『習近平と彼の愛人たち』という本を出そうと考えていた。当然これに激怒したのが習近平だ。その内容もさることながら、このような本が世に出てしまったら、党内に大きな動揺を間違いなくもたらすということが怒りの理由である。**習近平は「反腐敗」や「風紀引き締め」の旗を掲げているのにもかかわらず、自分自身が乱れた女性関係を持ち、腐敗しているということになれば、党内では通用しない。**もちろん、これもまた彼が権力を未だに握り切れていないという証拠でもあるのだが。

しかし、〝拉致〟という強硬策をとった裏には、本の内容だけに留まらない、より複雑な要因がからんでいる。まず、内容に関していうと実はほぼ捏造、証拠も根拠も極めて脆弱だ。たとえば、登場人物のうち、習近平の前妻の柯玲玲《かれいれい》[3]、現在の妻の彭麗媛《ほうれいえん》[4]、そして、かつての愛人だった元福建省テレビの夢雪《むせつ》[5]あたりのエピソードは、ある程度事実に即している。しかし、それ以外は全部でまかせ。一例を挙げると、習近平が天安門事件の学生リーダーと逃亡中に男女の関係になった、という話。これなど、当然、明らかな嘘なのだが、

1. 1964～。北京大学卒。銅鑼湾書店オーナー。88年、スウェーデンに留学し、天安門事件後スウェーデン国籍を取得したとされる。その後、香港に向かい、2014年、銅鑼湾書店を買収した。

2. 生年不明。銅鑼湾書店共同オーナー。作家。2015年12月に中国に拉致され、今年の3月香港に送還された。

しかし重要なのは、習近平サイドの対応だ。

実は銅鑼湾書店の桂民海は2年前の2014年にこの本を出版しようとした。ところが、それが習近平サイドの知るところとなり、彼らは大金を払ってこの本の出版権を買い占め、出版を阻止したのだ。もちろん、桂民海も同意の上である。聞いた話では、**出版権買い占めに支払った費用は50万米ドル**。そのうち、桂民海が45万米ドルを手に入れ、作者ふたりは残りの5万米ドルをもらったという。

習近平を手玉に取った強欲な商人

石平　陳さんのいうふたりの作者はニューヨーク在住なのか?

陳破空　そう。実は、このふたりのことを、私は個人的によく知っている。で、作者側は5万米ドルを得たという、ここまでは実はよくある話である。中国共産党の指導者層は、特にスキャンダルに関する本が出るとなると、出版権の買い占めを当たり前のように行う。

たとえば、『李鵬の日記』というケース。この本は民主化運動に強硬的な態度だった李鵬ら指導者たちの、天安門事件に対する生々しい様子が描かれているといわれており、当然のことながら、党としては出版に同意していない。しかし何者かがこの本を香港に持ち

3. 1951〜。習近平の前妻。駐英国大使の子女。文革で下放されていた習近平とは性格が合わず、3年で結婚生活は破たんした。
4. 1962〜。習近平の現在の妻。人民解放軍の歌手で数々の大ヒットを飛ばす。1987年に知人の紹介で習近平と結婚。娘、習明沢をもうけた。

出し、出版することにしたのだ。そこで、李鵬は印刷された何千冊もの本を、全部買い占めたのである。ほかにも、江青が『紅都女皇《こうとじょこう》』という本を出版したことがあったが、このときも江青の夫である毛沢東の不興を買い、周恩来に命じて外交ルートを通じて出版権を買い占め、市場に流通した本をすべて回収したのだ。

習近平サイドがとった手法もこうした例とまったく一緒。前述のように50万米ドルで買い占めたのである。普通の人なら50万米ドルを手に入れた時点で、出版を断念し、おとなしく引き下がるだろう。ところが、**銅鑼湾書店の桂民海は、よほど欲深い商売人で、彼はいくつもの出版社を経営していたことから、しばらく時間を置き、ほとぼりが冷めたころを見計らって、今度は書籍のタイトルを『習近平と彼の6人の愛人』に変え――元の『習近平とその愛人たち』では「8人の愛人」について書かれていたのだが、これを「6人」に変え――再出版しようとした**のだ。

このことが習近平サイドの知るところになり、当然、彼は怒りに燃え上がった。これ以上の屈辱など受け入れるわけにいかないということだ。ちょうど同じタイミングで、桂民海に前科があることが判明する。桂民海は以前、中国本土で生活していた際、飲酒運転で交通事故を起こして人ひとりを死亡させた過去があったのだ。さらに、有罪となり執行猶予中にもかかわらず、海外逃亡したという。この弱みにつけこんで、2015年10月、タ

5. 生年不明。元々福建省のテレビ局のキャスターで、習近平が福建省省長だった2000年から2年ほど不倫関係にあったという。現在も彼女の名前は中国ではネット検索できないという。

イに滞在していた桂民海を拉致した。さらに同年末、工作員が香港にも向かい、同じく銅鑼湾書店の李波も中国本土に強制連行したのだ。

この一連の拉致事件は一気に大騒ぎとなった。国外で身柄を拘束するなど、まったく馬鹿げた行為としかいいようがない。しかも、桂民海は10年以上前にスウェーデン国籍を取得しているので、香港人どころか中国人でもない。ところが、そんな人物を**拉致しておきながら、それを「自首のための帰国」と偽った**のだ。そのうえ、２０１６年1月、拉致した桂民海をテレビに出演させ「12年前の死亡事故の罪を償うために帰国した。いかなる処罰も受け入れる」と告白させたのだ。まさに見せしめである。

「文革の再来」となる行きすぎた「見せしめ」

陳破空　習近平が就任以来、そのやり方が「文革の再来」だといわれている理由のひとつは、こうした「見せしめ」である。文革中に些細なことで人を捕まえて、市中を引き回し、見せしめにしていた。現代ではテレビを使って同じことを行っているわけだ。人権派弁護士がテレビで罪を認めた。著名な女性ジャーナリストの高瑜《こうゆ》[6]もテレビで「国家機密漏えいの罪」を認めさせられた。スウェーデンの人権活動家もテレビで「中国の法律を破った」

6. 1944～。ジャーナリスト。天安門事件報道後、幾度も逮捕される。国際女性メディア財団から「勇気賞」を2度受賞。2014年に逮捕され、2015年、「国家機密漏えい罪」で懲役7年の判決が下った。

と罪を認めさせられ、見せしめにされた。多くの人が、このような習近平のやり方を「文革の手法」だと批判している。

桂民海がテレビで見せしめとなったのは一度限りではない。本土の中央テレビに続いて、香港の鳳凰衛視（フェニックスＴＶ）でも謝罪させられたのだ。鳳凰衛視は香港における中国共産党の意見を代弁するニュースチャンネルである。この卑劣なやり方が、香港人の反感を買ってしまった。

ところが、習近平はその反発について何も気づいておらず、「うまくやった」とすら思っている。２０１５年末に香港に関係者を派遣して李波を拉致した際は、その様子を知られぬよう、船で秘密裏に中国に連れ去っていった。しかし、李波がエレベーターで見知らぬ何者かに連れ出された映像が残っており、彼の奥さんも警察に通報しているように、これは明らかに拉致なのだ。結局当局によって無理やり「調査協力のための帰国」だと李波は言わされたが、彼はイギリス国籍を所有しており、イギリス政府が介入調査することも可能だった。ところが、結局、李波は政府の圧力で、イギリス国籍を放棄するとまで言わされてしまったのだ。

もっとも、この「調査協力のための帰国」というのもおかしい。李波は桂民海の交通事故とは何の関係もない。つまり調査協力などできるわけないのであって、習近平愛人本の出版に関する調査協力こそ本当の狙いなのだ。

ブーメランとして返ってきた「一国二制度」破壊の報い

陳破空　習近平は法治国家を目指しているといわれているが、本当のところはそうではない。実際、この暴露本は実に捏造が多く、通常であれば、**出版物の内容が個人に対する誹謗中傷や名誉棄損に満ち満ちているならば、法的手段を取るべき**だ。香港は法治社会であり、独立した司法制度があるのだから、訴訟を起こせばいいだけの話である。しかし、**習近平側には法律概念もなければ、「一国二制度」という概念もない。**法廷に出ることは自分の格が下がることだと思い込み、法廷で裁くよりも拉致、拘束してしまったほうが手っ取り早いと判断し、それで国家安全局のスパイを使って拉致行為を行ったのである。

この事件は無論、香港市民にとって非常に重大な一件となった。今から13年前の2003年、国家反逆、反乱扇動などを禁ずる基本法（香港の憲法）23条に基づき、国家安全条例[7]が制定されることになった際、自由が規制されること危惧した香港市民、何と50万人がデモを行い、同条例を撤廃に追い込んだことがある。

だが、今回の事件は「一国二制度」の根本を揺るがすという意味において、この条例導

7.「中華人民共和国香港特別行政区基本法」第23条に基づき、香港内における国家反逆、国家機密のろう洩などを罰する条例が策定されることとなると、2002年から03年の間、香港各界が反発し、50万人のデモに発展。条例は不成立となった。

入騒動よりはるかに重要な意味を持つ。香港に中国共産党の工作員を送り込み市民を拉致するというのは、完全に違法行為だ。これでは、ヤクザのやり方とまったく変わらないといっても過言ではない。

石平　**この極めて暴力的な出来事から、習近平のやり口の幼稚さが浮き彫りになった**のではないか。しかも、香港は２０１４年に起こった「セントラル占拠デモ」[8]や「雨傘革命」[9]の余波で、中国本土との緊張関係がずっと続いている。いわば、中国共産党が非常に嫌われていて、香港の独立意識が極めて高い時期に拉致事件が発生したということは、「一国二制度」という基本政策を根底から覆すこととなり、結果、**香港市民の独立意識をさらに高めることになった**のではないだろうか。

陳破空　その通り。しかも、そのちょうど同じ時期に台湾では総統選挙があり、**中国政府のこうした悪辣な振る舞いは、台湾人の反感をも買ってしまった**。そういった背景もあって独立志向が強い民進党の蔡英文《さいえいぶん》[10]が当選し、立法院（国会）選でも同党が大勝、親中派の与党・国民党が大敗を喫した。**銅鑼湾書店関係者をめぐる乱暴なやり方は、間接的に蔡英文勝利を手助けする形となった**のだ。

この一連の結果により、習近平は党内での自らの地位に大きな危機を招いた。私の知っている限りでは、党内の上層部、そして各派は、習近平のこのやり方を非難するというこ

8. アメリカの「ウォール街を占拠せよ」にならい、反中デモを香港の中心部であるセントラルを占拠する＝「オキュパイ・セントラル（中環を占拠せよ）」と民主活動家が名乗ったことに由来する。

とで一致したし、第1章で紹介した2通の公開書簡もこの件について触れている。

もちろん、そもそも捏造だらけの本を出版した銅鑼湾書店については非難に値する。また、同店のオーナーが約束を守らずに信用にもとるということも、十分に非難に値しよう。しかし、だからといって習近平政権の行動が許されるわけではない。なぜなら、共産党の統治下では、相変わらず言論・出版の自由などまったくないからだ。暴露本の作者が、私に次のように語った。

「共産党の統治下では言論、出版、情報の自由などない。そのことはつまりは、真実を書けば本は絶対に出版できないということだ。だから我々は、虚実ないまぜの文章を書くやり方で、これに対抗するのだ」と。

桂民海に信用がないということは間違いないことであるが、それなら共産党には信用があるのか。約束を守ったことがあるのか。香港に「一国二制度」の約束をしたにもかかわらず、今回の一件で「一国二制度」を壊してしまったことをどう説明するのか。また、今年の4月、ケニアで詐欺事件を起こし国外退去となった台湾人問題に関し、圧力をかけて台湾ではなく中国本土へ強制送還させた件について、どのように申し開きできるのか。もともと中国と台湾は司法協定を結んでおり、このようなことなど本来はできるはずがないのに……。

9. 2014年9月26日より香港で行われた中華人民共和国に対する抗議デモのこと。イギリスのメディア等が、このデモ活動を「雨傘革命」（Umbrella Revolution）や「雨傘運動」（Umbrella Movement）と称し、世界的にもそう呼ばれるようになった。

常に未熟で稚拙な習近平の政治的な振る舞い

石平　私はこの事件について、そこまで詳しくは知らなかった。陳さんが事件の全容を紹介してくれたので、事件にもうひとつ重大な問題があることに気がついた。それは**習近平と彼のチームというのは政治的な振る舞いがとても稚拙**だということだ。

習近平は国家主席という立場にありながら、このようなことまでも指示を出しているとしたら、その格は国家主席どころか、まさに日本の暴力団組長レベルということになる。しかもそれは、ちっぽけな規模の暴力団程度でしかない。もし習近平の周りの人間たちが、こうしたことを行った結果、どんな状況を引き起こし、どのような影響が出るのか、予測ができていなかったなら、彼のチームも本人も政治的に幼稚だとしかいいようがない。

中国共産党は、1949年に毛沢東が政権を樹立して以来、今まで何があっても権力基盤を維持し続けてきた。天安門事件で私たちがいくら反抗しても、共産党一党独裁体制政権を続けられたのは、事件鎮圧後のさまざまな状況に対応できる円滑な機能を兼ね備えていたからだと思う。この種の買い占めの件など、鄧小平でも胡錦濤でもこんな稚拙な対応にはなりえない。習近平と彼のチームはどれほど間抜けなのか。結果から見れば党内の反

10. 1956～。第14代中華民国（台湾）総統。民進党主席。台湾大学法学部卒、LSE（ロンドン大学）法学博士。大学教授を経て2004年、民進党入党。08年、主席に就任。16年1月、総統選に勝利し初の女性総統となった。

感は当たり前のことで、このままいけば政権そのものが転覆してしまうだろう。

陳破空　欧米のリーダーたちが中国の指導者によく言う決まり文句がある。「責任を負える大人のような振る舞いをするように」というものだ。つまり、中国の指導者は未熟で、責任を負えるような人物ではないということ。これはすなわち、中国も未熟な大国であり、未熟な中国は責任を負える大国ではないということなのだ。

中国の指導者の権力は、党内のひと握りの人々の間でのみ受け継がれてきた。主に長老と一部の実力者だ。指導者は一般市民のなかからは生まれてはこないので、人民に対しても国家に対しても責任を持つ必要がない。個人的な事件があれば、非常に愚かで拙劣な手法を使って解決する。

しかもこの一件のみならず、もうひとつ重大事件が起きている。このため、習近平は非常に不利な状況に置かれたわけであるし、もしかすると今年は習近平の厄年かもしれない。なぜなら、「パナマ文書」が出てきたからだ。

石平　そうだね、これも非常に面白い。

「パナマ文書」で明らかとなった習一族の〝錬金術〟

陳破空　習近平の金銭スキャンダルについては、まず２０１２年に政敵である江沢民と周永康が習一族のことを海外メディアの「ブルームバーグ」に暴露したのが皮切りだ。その後、習近平はふたりの姉がビジネスに携わるのをやめさせたという。ところが、実際はビジネスを続けていたようだ。中国一の富豪である王健林《おうけんりん》[11]は、習近平の姉、斉橋橋《せいきょうきょう》[12]とその夫である鄧家貴《とうかき》[13]が、王健林率いる万達集団（ワンダ・グループ）の株を所有していることを認めたのだ。一方で、習近平を援護するため、会社が上場する２カ月前の２０１４年10月に彼女らは株を売却したとも語っていた。

しかし、真相は違う。習近平の姉と義兄は、購入時２８００万米ドルで後に２億米ドル以上となった万達集団の株を売却せず、習近平の姉が所有する会社の社員に譲渡していたのだ。その際にいくら手にしたのか、まったくわからない。しかも、この譲渡の実態も不明だ。譲渡は２０１３年とされており、習近平が姉にビジネスを自粛するよう伝えた２０１２年ではない。さらに、王健林の言い方では、２０１４年に売却したということになる。

11. 1954～。中国の不動産王手、大連万達集団（ワンダ・グループ）の設立者で社長。遼寧大学卒。16年軍隊生活を送った後、不動産業に進出。高級マンションから、ショッピングモールなど事業を拡げ、現在、中国一、世界18位の富豪となった。

もし、そうだとすれば習近平の党内のイメージは大きく変わるだろう。なぜなら、**何年も反腐敗を実行し続けていた一方で、自分の姉と義兄が中国一の富豪とつるんで、大儲けをしていた**のだから。さらには、この中国一の富豪は完全に習近平家族との関係によって、自分の地位を築き上げたとしかいいようがない。

ここで、中国の官と商の関係を見てみよう。江沢民以前の官民癒着の商人は李嘉誠《りかせい》[14]である。李嘉誠は江沢民一族との関係が親密であり、江沢民が実権を握っていたとき、李嘉誠は中国一、華人圏一の富豪であった。

ところが、その後、政治と財界の関係図も変わった。すなわち、現在の中国一、華人圏一の富豪は王健林であり、中国一の一族は習近平家で、先ほども見たように官民癒着、金と権力の結託は習近平時代になっても依然として続いている。

そして今回のパナマ文書だ。そこで、習近平の義兄、鄧家貴が海外でオフショア会社を設立し、国内の財産を海外に移すことが可能だということが明るみに出たのである（もっとも当の義兄は、会社の運営はしていないと言っているが……）。

いずれにせよ、これでは党内に通じるわけがない。他人の腐敗を追及しながら、自分の一族はその裏でしっかり金儲けをしている。こうして、習近平は党内の権力と地位を揺るがされることとなった。**反腐敗運動も党内における正当性と信憑性を失った**のだ。自分の

12. 1949〜。習近平の姉。夫の鄧家貴とともに、不動産、電力、建設など複数の企業経営にあたる。カナダ国籍とされる。

13. 1950〜。妻同様カナダ国籍といわれる。妻とともにさまざまな企業を経営し、一族全体の資産は数百億円に上るとされる。

家族ですらコントロールできないのだから、そんな人物を信用できるわけがないと思われるのも当然である。

パナマ文書の件は中国国内では一切触れられていない。国外の声に対しては完全無視である。ということは、逆にパナマ文書が事実であると認めたに等しい。

スネに傷持つ政治家しかトップになれない政治システム

石平　パナマ文書を封鎖したとしても、少なくとも習近平の義兄のことは全国に知られている。国内ではみんなが冗談でよく使っている**「姐夫《ジェフー》」（姉の夫）は、すっかり流行の言葉になった**。

陳破空　ネットでの使用禁止ワードのひとつにもなっているが。

石平　その通り。このパナマ文書は習近平にとっては衝撃が大きい。特に先ほど陳さんも言っていた反腐敗運動の正当性がなくなったということ。元々**反腐敗に関しては、99%の官僚は反対している**はずである。なぜなら、反腐敗とは自分たちの利益が剝奪されることを意味しており、ある意味では彼らにとっての死活問題だからだ。

陳さんも知っているように、**中国共産党員は、幹部になるため、あるいは要職を手に入**

14. 1928〜。香港を拠点とする実業家。香港最大の企業、長江実業グループの創設者兼会長。2013年、世界の富豪ランキング第8位。王権林、ジャック・マーと、華人圏富豪第1位の座を争っている。

れるためには〝事前投資〟が必要であり、上にたくさんの賄賂を渡すことによって、ようやく出世の道が開ける。そこがスタート地点で、権力をかさに今度は自分が〝腐敗〟をして、その事前投資分を取り返さなければならない。**腐敗しなければ元が取れない**のだ。このような事情があるので、反腐敗運動で打撃を受けた幹部は、このパナマ文書を見逃さないだろう。

陳破空　それはいえる。では、どうして腐敗の流れを断ち切れないのか。金の問題や官民癒着について語る際に見逃せないのが、中国共産党の政治構造だ。

時代を少しさかのぼるが、江沢民の後継者として胡錦濤を指名したのは鄧小平だ。ではなぜ鄧小平は胡錦濤を選んだのか。その重要な理由は、胡錦濤が自らの手を血で染めた過去を持っているということだ。1989年に鄧小平は北京で人を殺した。もちろん天安門事件だ。一方、胡錦濤もチベット自由化運動に対して大弾圧を行った。つまり**鄧小平が胡錦濤に決めた根拠というのは、胡錦濤がトップになっても少なくとも天安門事件を否定することはないということ**だ。

しかし、江沢民時代に入ってから変化があった。**江沢民という長老が後継者を指定する際、今度は手が血に染まっているのではなく、単純に金で汚れている人でないといけない。なぜなら、長老たちは皆、汚職で腐敗しているから**だ。江沢民一家は中国最大の通信事業者である「中国電信」を牛耳っており、李鵬一家は中国電力を取り仕切っている。曽慶紅一家は山東省のエネルギー産業を支配している。もし清廉潔白で家族にも問題がないという人物が後継者となったら、長老たちはおちおち安心していられるわけがない。きっちりと過去の清算を迫られる可能性が大であるからだ。

そういうことだから、彼らの後継者選びには明確な規則などなく、多くの暗黙のルールによって決められることになる。紅二代や太子党から選ぶということも暗黙のルールのひとつであり、そして、最も重要なルールは利益の共有者であるか否かということだ。胡錦濤と温家宝は両者とも就任する前は、その一族は清廉な人たちであり、汚職するようなことはなかった。しかし、ふたりは就任後まもなく汚職に手を染め始めた。それは第1章でも説明した通りだ。

そのかたわらで、長老たちはひたすら監視とコントロールを続け、裏切るかどうかをチェックしている。胡錦濤も左派的な姿勢を見せようと、キューバと北朝鮮に学ぶと言っただけでなく、こちらも第1章で説明したように「不折騰」（余計なことをしない）とまで言い出した。この言葉により胡錦濤は今までの路線を変更することなく堅持すると宣言したことになり、これによって江沢民は安心したのだ。ただし、彼らに100％安心ということはなく、だから、政治法律委員会や軍や政治局常務委員会で監視体制を作るのである。

道を踏み外した原因は薄熙来との闘争？

陳破空　ここまで見てきてわかるように、習近平の総書記就任も長老たちによるバランス政策の結果である。ここで面白いのは、**2009年前後に習近平一家と薄熙来**《はくきらい》[15]**一家が最高権力者の座を巡って争うなか、両家がこぞって海外でオフショア会社を設立したこと**だ。薄熙来はその妻、薄谷開来《はくこくかいらい》を通じて、薄谷開来はイギリス人とフランス人の愛人を通じて海外で別荘を買い会社を設立し、資産を移転している。習近平は姉と義兄を使って海外でオフショア会社を設立し、王健林を通じて海外に財産を移したのは説明した通りだ。

この状況下において、両者とも後継者選びの暗黙のルールを満たしている。すなわち、清廉潔白ではないがゆえに、長老たちの腐敗を摘発したりはしないというものだ。

しかし、そんな長老たちの思惑を横目に、習近平が就任後に反腐敗を始めたのはなぜか。それは、薄熙来の存在である。周永康や徐才厚といった江沢民派とともにクーデターを計画していたのだ。しかも、このクーデターを江沢民と曽慶紅もある程度認めていた。なぜなら、習近平が胡錦濤、温家宝と結託したからだ。

この複雑な状況下、習近平が就任間もなく、反腐敗やトラ叩きを始めたが、相手を選ん

15. 1949〜。北京大学卒。重慶市党委書記などの重職を歴任。習近平のライバルとされていたが、不正蓄財や妻のイギリス人実業家殺害事件などで権力争いに敗れ、最終的に職権乱用などの罪で無期懲役が確定した。

でやっているのが見え見えであった。目標は、自分と権力を争いクーデターを目論んだ薄熙来、周永康、令計画、徐才厚と郭伯雄らを倒すことである。もうひとつの狙いは、江沢民と曽慶紅という長老を退陣に追い込み、政権への干渉をやめさせ、自分に権力を集中させることである。この反腐敗を実行する前に習近平は、自分のふたりの姉にビジネスから離れるよう求めたが、先述のように徹底的には処理しなかった。だから、今回のパナマ文書の件で、習近平は大変大きな打撃を受けたのである。

パナマ文書はグローバル化の象徴で、情報はどこへでも届き、ハッカーは至るところにいる。習近平は金銭問題を暴かれ落胆した。そして、反腐敗運動も大きな打撃を受け、今ではその矛先は上層部ではなく、中下層部に向き始めてしまったのだ。

石平　本書の冒頭で述べたように、今年２０１６年3月から4月までの出来事は偶然とは思えず、私たちの対談もまさに天からの賜物だと思えてならない。ちょうどこの一連の事件で、就任以来、習近平が自分の功績として吹聴していた反腐敗運動がね。

陳破空　「功虧一簣（九仞《きゅうじん》の功《こう》を一簣《いっき》に欠く）[16]」だ。

石平　そう、まさに「功虧一簣」である。

陳破空　彼は長老に弱みを握られてしまった。

石平　そう、**彼が持っている切り札は反腐敗なのだから、これが使えなくなったら、有効**

16. 中国の諺で「事があと少しで成就するという時に、ちょっとした手抜きで失敗に終わる」という意味。

な武器はもうない。経済政策や外交政策について、習近平はやることなすことすべて失敗している。つまり、**パナマ文書のことで、すぐに何がどうなるというわけではないが、彼にとっては大きな打撃になるのは間違いない**ということだ。

そして、習近平にとってもうひとつ致命的な大打撃が待っている。アメリカへと逃亡した共産党の大物の弟が、一体何を持ち出したのか。陳さんはアメリカにいるので私よりよく知っていると思う。この部分について次の章で詳しく教えてほしい。

第3章

機密流出、軍改革、内部分裂

～国内外で動き始めた時限爆弾～

令計画の首を取り総書記に就任した習近平

石平　ここからさらに重要な局面へと進もう。もちろん、まず話題は前の章の最後に触れた共産党の大物の弟が何をしたのかということだ。日本の読者は詳しくご存じの方も少ないかもしれないので、まずこの一件について詳しく話してほしい。

陳破空　まず主役のひとりは令計画《れいけいかく》[1]だ。この男は、胡錦濤の取り巻きで団派のリーダー的な存在だ。かつて中央弁公庁[2]の主任を務めており、中国の主だった機密を把握している。**中国共産党の機密には「秘密」「機密」「絶密」の3つがある。令計画はそのうち最も重要な「絶密」を把握できる立場にいた**のだ。2015年6月、〝トラ〟のひとり、周永康の無期懲役判決に際し「機密漏えい」というのが罪状のひとつとなったが、漏えいしたのは「機密」であり、絶密よりワンランク下なのである。

石平　なるほど、周永康は機密の漏えいで、絶密ではなかったね。令計画は2007年から5年もの間、中央弁公庁の主任を務めていたわけだから、多くの絶密を知っているに違いない。

陳破空　確かに。実は習近平は元々総書記をやるつもりはなかった。しかし、自分が引き

1. 1956〜。76年、共産党に入党し、中央弁公庁主任、党中央統一戦線部長などを歴任した胡錦濤の腹心。その後、自身や妻の不正蓄財、機密漏えいなどが問題視され、2015年、党籍が剝奪された。その後、2016年5月に国家機密違法取得罪などの罪で起訴され、7月、無期懲役の刑が確定。

受ける見返りを思いつく。第1章でも触れたように、**就任前、習近平は2週間雲隠れしていた。そして再び現れた際、見返りを突きつけたのだ。それが中央弁公庁の主任を更迭すること**であった。だから2012年9月に突然、更迭劇が起きたのである。そこで、後任となったのが習近平の側近、栗戦書《りっせんしょ》[3]だった。

石平　なるほど。この過程をもう一度整理しよう。まず令計画だが、習近平が総書記に就任する条件として、中央弁公庁の主任の職を辞めさせられた。そして、中央統一戦線工作部部長職へと転じる。

陳破空　実権のない名前ばかりの役職だ。その後、政治協商会議副主席となったが、こちらもまつり上げられただけ。

石平　ただ、令計画が中央弁公庁主任の座を降ろされたのは、息子の件もからんでいる。このことについても、日本の読者に紹介してほしい。

陳破空　2012年、習近平体制が発足した中国共産党の第18回全人代（18大）の前に、最高権力者の地位をめぐって一連の事件があった。まず2月6日、重慶市副市長、王立軍《おうりつぐん》[4]がアメリカ領事館に逃げ込んだ。王立軍は薄熙来の側近で、薄熙来が最高権力を奪おうとしたことをアメリカに知らせたのだ。すると、アメリカ側は訪米中の習近平にそのことを知らせた。当時のアメリカは習近平を支持しており、これからきちんとした常識のある指

2. 党の幹部など重要人物のスケジュールの管理や総書記への取り次ぎの許諾を出すなど秘書的な役割を持つ部署。中国版シークレットサービスといわれるように、機密情報にアクセスできる環境にある。

導者になってほしいがために、ここで恩を売るべく、王立軍を保護せず中国側に送還。そこで王立軍は、薄熙来のクーデターについて洗いざらい暴露し、これによって２０１２年3月14日、胡錦濤、温家宝、習近平が手を組み、薄熙来を逮捕監禁したのだ。

さらに薄熙来を収監してから間もなく、3月18日に「３１８事件」と呼ばれる重大な事件が発生した。その日、北京で銃声が響きわたった。当時、軍の反乱が起きたといわれたのだが、本当は令計画の息子、令谷《れいこく》[5]がその日、女の子たちを乗せて車を運転中に事故を起こしたのだ。令谷は即死、同乗していたチベット人女性ふたりのうち、ひとりは死亡、もうひとりが重傷を負った。

車はフェラーリで、運転中、女性は全裸だったというから、これが大っぴらになったら一大スキャンダルだ。そのため、令計画は当時の政治法律委員会書記である周永康に頼み込み、表沙汰にならないようもみ消しを頼んだ。これを機に、令計画と周永康が結託したのである。

周永康はこの機に乗じて、団派である令計画をも打倒習近平のクーデターメンバーに加えた。これが「３１８事件」の真相である。しかし、事故の情報は野火のようにあっという間に広まってしまった。このスキャンダルは令計画にとっては明らかにマイナスであり、団派にとっても大きな打撃である。元々胡錦濤は18大での人事では有利な立場にあったが、

3. 1950〜。河北師範大学夜間大学政教系卒。第18期中国共産党中央政治局委員、中国共産党中央書記処書記、党中央弁公庁主任、党中央保密委員会主任、党中央国家安全委員会弁公室主任。

この一件で一気に不利になり人事で大敗。江派に巻き返されてしまったのだ。

　このことで、習近平は江派の薄熙来と周永康が自分にとって脅威であるということに気づく。そこで、胡錦濤、温家宝と手を組み、江派と対峙することになったのだ。

　令計画の話に戻ると、先述のように２０１２年9月、習近平の要求で中央弁公庁主任を更迭。政治協商副主席となり、しばらくたってから、薄熙来と周永康の打倒習近平クーデターに参加した。一方、習近平は王岐山と相談し、令計画を逮捕することに決め２０１４年末に身柄を拘束、翌年7月に逮捕したのだ。

アメリカでスイッチが入った「令完成」という名の時限爆弾

石平　令計画の解任に関しては、胡錦濤も知っていたと思うのだが、もしも令計画を解任した後に名誉ある地位を与えていれば、これで万事丸く収まっていた可能性もあったはずだろう。しかし結局、逮捕によって胡錦濤のメンツが潰され、団派にとって打撃となった。

陳破空　そう。ところが、ここで思いも寄らないことが起こった。令計画を逮捕すると同時に弟の令完成《れいかんせい》[6]がアメリカへ逃亡したのだ。当時、令完成はすでに公職を辞めてビジネスを行っており、まさに官民癒着タイプの企業家だった。自身の一族や出身地である山西省

4. 1959～。薄熙来に抜擢され重慶市でマフィア取り締まりに活躍。その後、薄家の捜査も行ったことから身の危険を感じ、アメリカ大使館に駆け込む。これがきっかけで薄熙来のスキャンダルが発覚する。

5. 1988～2012。北京大学卒。令計画の息子。推定100万米ドルともいわれるフェラーリで走行中、事故死。

の金持ちなどと太いパイプがあり、うまくアメリカに逃げおおせた。その際、兄の計画から1700件もの機密を託され、「何かあったらこれらをばらすように」と言われたのだ。

メディアの報道などからすると、**令計画が持ち出した秘密は非常に重要な内容だ。ひとつは中国の核兵器に関する情報、ふたつ目は、中共指導部とその家族の動向、財産、女性関係、セックステープ。3つ目は、未だ明らかになっていない中南海の配置と政府要人の隠れ場所だ。**

石平　なるほど。これらがすべてアメリカの手に渡っている。

陳破空　これらのことが全部アメリカに把握されてしまったということは、戦略上、アメリカに圧倒的優位に立たれてしまったということだ。だから習近平は、何としても令完成を連れ戻したかった。一方、アメリカのメディアは、令完成は中華人民共和国の成立以来、最も攻撃力が強く、最も価値の高い情報を持つ人間だとしている。

この一件以来、習近平は令計画事件に頭を悩まされ続けている。令完成がアメリカにどのような情報を提供したのかがわからないので、もし兄の令計画を処刑してしまえば、あらゆる情報を暴露されてしまうかもしれない。そうかといって、令計画をすでに腐敗、姦通など6つもの罪名を定めて逮捕してしまっているので、何もしなければ今度は逆に信用を失ってしまう。その後、令計画が刑務所で精神不安定になったなどという噂すら、漏れ

6. 生年不明。令計画の弟で、機密情報をアメリカに持ち出した張本人とされる。カリフォルニアの豪邸に住んでいるという話もある。

伝わってきた。そして、2016年5月、ついに令計画は起訴されたが、罪は軽くなっていた。これは令完成がアメリカに逃亡したことに配慮し、報復されることを習近平政権が恐れたためだ。

一方で、2014年に郭文貴《かくぶんき》[7]という商人がやはりアメリカへ逃亡した。この郭文貴は江沢民の懐刀だった曽慶紅と馬建の側近である。

彼は王岐山に関する秘密情報を大量に入手しているといわれている。王岐山は「財新ネット」という経済系のメディアを持っているのだが、その編集長である胡舒立《こじょりつ》[8]の情報を握っており、海外で表面上は胡舒立を罵りながら、実際は王岐山を批判しているのだ。**郭文貴の海外逃亡も、習近平と王岐山にとって非常に憂慮すべき事態となっている。**

晴れの舞台が一変、メンツを潰す場となった軍事パレード

陳破空　昨年2015年9月3日の軍事パレードは、習近平が軍事権力を掌握したことを誇示するためだけに行われたものだ。本来、大規模な軍事パレードは建国10周年ごとに行われる。すなわち、次回は本当は2019年に行なわれる予定だった。ところが習近平は、わざわざ第2次世界大戦終戦70周年のことを持ち出し、反ファシストの勝利を記念すると

7. 1967～。山東省出身の政商。馬建と親交が深いとされ、さらにバックには曽慶紅もいるという説もある。さらに王岐山とも親密でその機密をアメリカに持ち出した疑いが持たれている。

8. 1953～。フォーダム大学、北京大学経営学修士。ジャーナリストで汚職追及の鋭さから「中国で最も危険な女性」と呼ばれる。財新メディア主筆。

いう名目で、２０１５年に軍事パレードを行ったのだ。

しかし、令完成と郭文貴の逃亡によって、反腐敗運動の勢いが弱まってしまい、とりわけ「大トラ」と「老トラ」に対して無力になってしまった。結局、党内の圧力の下で、江沢民、李鵬、曽慶紅といった「大トラ」たちが、パレード当日、天安門の城楼に勢揃いすることになってしまったのだ。そのため、**習近平は機嫌がひどく悪く、心ここにあらずの状態で、11回も左手で敬礼をしてしまった**のである。**左手での敬礼は中国人民解放軍隊列条例に対する厳重な違反**だ。軍事委員会主席としてこの条例を知らないわけがないわけで、つまり彼はひどく取り乱していたのだと思う。

石平　そのときの様子を私はテレビで見たのだが、はじめは「これは習近平の影武者だ」と思ったぐらいだ。普段の習近平とは全然違って、自分の権威を示すための栄えある舞台であるにもかかわらず、まるで文革時代の闘争大会に引きずり出されたかのように見えた。ただ、これらの事情をすべてつなげて考えれば、**習近平はこのとき思考回路停止状態で、まるで抜け殻**のような感じであったのだろう。

陳破空　この軍事パレードの際、習近平は取り乱し、機嫌が悪いだけでなく、ふたつの異常な現象があった。**軍隊観閲式が始まった時、彼の車の後ろにもう1台の車が突然、飛び出してきた**のだが、実は一部海外メディアの分析では、これが**クーデターの一端**ではなかったかといわれている。**軍隊観閲式には厳格な規定があり、観閲式が始まってから、主席の車の背後からもう1台の車が出てきたというのは異常**な映像だ。しかも習近平は自身が乗ったオープンカーの上では心ここにあらずの様子で、敬礼を間違えた。天安門の城楼に群がっている〝トラ〟や長老たちが彼を見下ろしているなかでの観閲式は、さぞかし居心地が悪かったであろう。

毛沢東時代の観閲式では、天安門城楼で彼を見下ろす長老など誰ひとりおらず、毛沢東は自信満々だった。鄧小平時代の観閲式も、城楼から彼を見下ろすなど絶対にありえない。しかし習近平の観閲式では、天安門城楼に長老たちが勢揃いしていたうえ、式そのものも国際社会には受け入れてもらえず、１００カ国の首脳を招いたものの、出席したのはたったの30カ国。しかも、そのほとんどが独裁国家であり、民主国家からの参加国は韓国とチェコのたったの2カ国と、習近平のメンツは丸つぶれであったのだ。

息を吹き返した江沢民とその一族

陳破空　結局、反腐敗運動があと一息のところで失敗したため長老たちは生き延び、何年も準備していた観閲式は失敗してしまった。実際、それ以降、反腐敗運動の矛先は高官や長老たちに向かうことはなく、中下層の官僚に向かうようになった。かつては、曽慶紅のことを「慶親王《けいしんおう》」[9]にたとえて、中央規律検査委員会のサイトや新聞で非難したり、江沢民のことを「太上皇」（退位したが存命中の皇帝）だと揶揄したりしていた。また、北戴河会議に関する文章において、すべての指導者たちを振り返ったのに、江沢民だけには言及しなかったこともある。

　しかし9月3日の観閲式後は状況が変わり、とりわけ**今年に入り「パナマ文書」が明るみに出ると、習近平は妥協し始めた**ように思われる。というのは、母校である上海交通大学の120周年でお祝いのメッセージを送るなど、最近、江沢民がしきりに表舞台に登場してきているのだ。しかも江沢民の次男、江綿康《こうめんこう》[10]はビジネスを広げており、上海「東8塊」を自分のものにしたのだ。

石平　「東8塊」とは？

陳破空　上海の東にある8つの地区のことで市内中心部の人気エリアだ。このエリアを江綿康が手に入れたのだ。これは「東8塊事件」と呼ばれている。江綿康は最近になって政界へと進出し、庁級幹部（地方の高級官僚）になった。江家が動き出したということで、習近平が不利な状況となっていることがよくわかる。江沢民派の動きにより2017年に予定されている第19回党大会（19大）、さらには、任期が終わる2022年の第20回党大

9. 1838～1917。清朝末期の皇族。西太后に取り入り外務大臣、総理大臣などの要職に就いた。実際には愚昧な汚職官僚だったとされる。

10. 1954～。華東師範大学博士。江沢民の次男で上海市の建設、管理系の役職に就いている。土地開発において強い権限を握っているとされる。

会（20大）の人事でも習近平は不利になるだろう。

石平　19大、20大に関しては、本書の最後に深く話すとして、習近平の反腐敗の話に戻ろう。つまり、令計画を逮捕し胡錦濤ら団派を怒らせた。一方で、アメリカに逃亡した令完成は習近平にとってまさに時限爆弾だ。それが、いつ、どのように爆発するかということは外交政策にも大きくかかわる。要するに、**ある意味では習近平の運命はアメリカ次第で**あるといえよう。

そのようななかで、近年、習近平あるいは習近平と王岐山の反腐敗運動において、国内外で注目を集めた最も輝かしい実績といえるのは、〝大トラ〟徐才厚と郭伯雄の失脚である。両者は江派の前軍委員会副主席で、胡錦濤を監視する役目を担っていた。となると、おそらく胡錦濤もこの両者を排斥したかったのではないだろうか。

習近平が絶対に避けたかった胡錦濤の二の舞とは？

陳破空　習近平が就任後に話したことがあるが、中国共産党の権力構造には危険が潜んでいる。それは「民主」も「集中」もないということだ。最高指導者の人事は、長老たちの小さなグループのなかで決定される。「民主」がないというのは、指導者は民間から選挙によって選ばれるわけではなく、長老たちの権力バランスによって生まれるという意味だ。一方、「集中」がないというのは、新しい指導者が指定されても、自分で閣僚を選ぶ権限はなく、政治局常務委員会のメンバーはすべて長老の指名で決まるのである。

新しい指導者は何もできず、就任してから、自ら権力の座を固めていくしかない。江沢民も胡錦濤も習近平も、これは誰しもが一緒だ。そのような状況下で習近平は、まず周永康を失脚させ、彼がトップ（書記）を務めていた、情報、司法、治安などをつかさどる政治法律委員会を握り、王岐山率いる中規委を通じて、党内に対して睨みを利かせられるようになった。しかし、前の章で述べたように、中央宣伝部の権力は未だに手にすることができていない。

一方で、人民解放軍は軍隊改革と軍隊内の反腐敗によって実権を握ろうとしている。軍権を掌握しつつあるという重要なサインは前軍事委員会副主席、徐才厚と郭伯雄を失脚させたことである。表向きは汚職を理由に失脚させているが、実際は両者とも、特に徐才厚は薄熙来と周永康による打倒習近平クーデターに参加したうえ、1、2年で習近平を倒すと公言したことが、摘発の要因だ。ただし、彼らはすでに定年を迎えており、〝牙のないトラ〟であったから、やりやすかった面があったことは見逃せない。

徐才厚と郭伯雄は、ともに江沢民の息がかかった側近であり、軍事委員会の副主席として胡錦濤の左右を陣取り彼を監視し、また実権から遠ざけた。そのため**胡錦濤は在任中の10年間に一度も軍権を握ったことがない**。これはアメリカの情報機関も知るところだ。だから、中国軍の動き、たとえば、新しい軍事設備の建設、衛星攻撃が可能な新型ミサイルの配備について胡錦濤は何も知らされておらず、アメリカの国防長官や国務長官が中国を訪問した際に、胡錦濤に中国軍の行動について質問すると、彼は自分の知らない動きをそこで初めて知り、茫然とさせられたのである。

習近平は就任後、胡錦濤の教訓を得て、姑にいじめられている嫁のようにならないため、軍事権力を手に入れようとした。軍隊の反腐敗については郭伯雄を逮捕したが、党内闘争が一進一退の状態のなかでのことだったので、この案件は3年もの間、店《たな》ざらしとなった。しかし、逮捕した以上、とにかく判決を下さなければならない。そこで、軍事法廷において収賄罪について審議されたが、結果、罪は軽くなってしまった。

「少将」は500万元、「中将」が1000万元

陳破空　**徐才厚と郭伯雄が手を染めた汚職は官位の売買である。「少将」の値段は500万元、「中将」が1000万元、「司令官」なら2000万元というもの**。つまり、将官の

任命で何億元もの金が稼げたのだ。ところが、郭伯雄の汚職はたった8000万元の収賄だとされたのだ。もちろん、これを信じる人など誰ひとりいない。罪状も2から1へと減らされた。当初の罪状は、「自分と家族のために法外な金銭を手に入れ暴利を得ること」と、「他人のために法外な金銭を手に入れ暴利を得ること」だ。ここでいう「他人のため」の他人とは江沢民のことを指す。つまり、彼は江沢民のために汚職をしていたのだ。

徐才厚と郭伯雄は江沢民に抜擢された。当然、汚職に手を出すことは江沢民も承知のこと。むしろ、汚職をすることが、自分のために働くことだと江沢民は考えていたのだ。こうして、汚職して得た金銭を江沢民に貢いできたはずだが、なぜか「他人のために」という罪状は、消えてしまった。その理由は、習近平がすでに反腐敗の矛先を江沢民とその一族に向ける力がなくなってしまったからだろう。

こうして、党内闘争のシーソーゲームの結果、郭伯雄が汚職して得た金の総額は8000万元に落ち着いたのだが、実際、彼の家にある現金の重量だけで1トンもあるとされる。徐才厚の家にも現金約1トンがあったという。重さ1トンもの現金が、たったの8000万元であるわけない。

ちなみに、国連の統計によると、毎年、死刑施行が最も多い国は中国である。つまり、世界一の死刑大国であるが、しかし幹部に対しては温情を与えて死刑にすることはない。

だから薄熙来も周永康も罪状が減らされ、郭伯雄の場合も、先述のように令計画の場合も罪は軽くなったのだ。

無論、これらの政敵を倒してしまいたいのは山々なのだが、党のイメージや利益を守らなければならず、そのうえ、党内のバランスも取らなければならないというジレンマがある。だから薄熙来の妻がイギリス人実業家を殺害したという証拠がすべて揃ったにもかかわらず死刑にはならない。周永康は前妻をひき殺したが、やはり死刑を免れた。

このように、**中国の死刑とは一般市民に適用するが、党幹部には決して適用されないダブルスタンダードの最たるもの**なのである。郭伯雄も死刑にはならず重くても終身刑で、最後は薄熙来や周永康と同じく「秦城監獄」に行き〝全員集合〟で終わるだろう。秦城監獄は、入獄前の立場によって待遇が実に変わる。彼らは役職からいっても、当然、最高級待遇でプライベートも守られる、高級エリアに入ることになる。

石平　秦城監獄では、**元高官の犯罪者の料理は高級ホテルである北京飯店から連れてきたコックが作る**というから驚きだ。みんな自分の部屋を持ち、新聞やテレビも見ることができ悠々自適な生活が送れる。台湾の馬英九《ばえいきゅう》[11]前総統は陳水扁《ちんすいへん》[12]元総統を逮捕し非常に小さい牢屋に閉じ込めたが、しかし中国の指導者たちは素晴らしい待遇を受ける。**秦城監獄はまさに5つ星ホテル**だ。つまり私が何を言いたいかというと、**反腐敗運動とは竜頭蛇尾の期待**

11. 1950～。ハーバード大学法学博士。国民党入党後、台湾市長を経て第6代台湾総統。中国寄りの政策を推進。それに反対する「ひまわり学生運動」が巻き起こった。

12. 1950～。台湾大学卒。直接選挙で選ばれたふたり目の台湾総統（第5代）。民進党に入党し台北市長などを歴任。脱中国政策を推進した。

外れなものだということだ。結局党内の権力闘争のため、報復を恐れ、法を歪ませる。このような反腐敗闘争は、とても〝法治〟とは呼べるようなものではなく、しょせんは〝人治〟なのである。**王岐山のいう抜本的な改革など、ただの戯言にすぎない。**

実は胡錦濤派が占めている軍の中枢人事

石平　軍での反腐敗運動でふたりの軍事委員会元副主席を失脚させた目的は当然、軍権の掌握にあるが、それと同時に私たちに見えてきたものがある。確かに、江沢民が残した軍事委員会副主席は追放されたが、しかし、**習近平が2013年に軍事委員会主席になって以来、実は軍事委員会の委員について、彼は誰ひとり任命することができていない**のだ。

すなわち、軍事委員会の重要な人事については、彼は指1本触れることができていない。副主席も総参謀長も胡錦濤が任命した人である。しかも面白いのは、胡錦濤が退任直前に突然その座に就けた連中なのだ。たとえば、総参謀長の房峰輝《ぼうほうき》[13]、軍事委員会副主席の范《はん》長龍《ちょうりゅう》[14]、許其亮《きょきりょう》[15]、成都軍区の責任者の李作成《りさくせい》[16]（現陸軍司令官）である。これらは、まさに習近平が実際に軍権を掌握できていないことの証左だ。

ここで昨今、習近平が力を入れている軍隊改革についても触れておきたい。習近平は、

13. 1951〜。68年に人民解放軍に入隊。階級は上将。中国共産党中央委員会委員。
14. 1947〜。69年に人民解放軍に入隊。階級は上将。中央政治局委員。
15. 1950〜。階級は空軍上将。中央政治局委員。中央軍事委員会副主席。
16. 1953〜。国防大学卒。70年に人民解放軍に入隊。79年の中越戦争での活躍から「戦闘英雄」の称号を得る。階級は上将で陸軍司令官。

４つの総部を取り消し、それを軍事委員会に吸収し行政機関にすること。そして、7大軍区を5大軍区に変更するというふたつの大きな改革に取り組んでいる。これはまだ現在進行中だが、日本でも大きく注目されている。

陳破空　軍の中の反腐敗や改革はなかなか巧妙で、王岐山のアイデアだと思う。しかし、現実として習近平は軍権を完全には掌握できていない。**7大軍区を5大軍区にすることの目的は、軍隊を再編することによってトップを自身で任命できると考えてのことだったが、結局、将軍の配置換えが行われただけ**。外から見れば形は変わったように思えるが、中身は何ひとつ変わっておらず、東が西に、西が東に、北が南に、南が北に異動したというだけである。

もうひとつ、軍人30万人の削減については、そのうちの16～17万人は将校である。この意味するところは「反腐敗では間に合わない」ということ。つまり、もし本気で反腐敗を実行すれば、中国人民解放軍全体を解散しなければならなくなる。数年前に自著『赤い中国消滅』という本で軍の腐敗について言及したように、**中国軍は徴兵の段階からしてすでに腐敗している。たとえば、兵士になるために、ひとりあたり数万元を払わなくてはならないのだ。さらに女性の場合は、10万～20万元かかる。都市部の人が兵士になるならもっと払わなければならない**。なぜこうなるかというと、兵隊は国家公務員で福利厚生が手厚いため、誰もが入りたがる安定した人気の職業なのである。さらに、将校になるのも金次第で、これらの仕組みはすべて江沢民が選んだ徐才厚と郭伯雄たち作り上げたことは前に説明した通りだ。

このように軍全体が腐敗してしまったため、本当に反腐敗を進めるなら、将校も含む230万の軍人を総解雇しなくてはならない。無論、そんなことなど習近平にできるわけないので、せめて選択的に反腐敗の摘発を行うしかないのだ。16~17万人の将校を含めた軍人30万人の削減も、その意味は「あなたたち全員を刑務所に入れることはできないから、わかっているなら今のうちに家に帰れ。もし騒ぐのなら、反腐敗を使って、一人ひとりを処分するまでだ」ということなのだ。

軍改革と反腐敗が呼び起こすクーデター

陳破空　しかし、当然、この過程で軍の不満は強くなった。これが習近平にとって危険要因のひとつとなっている。そのため、習近平は暗殺とクーデターを防ぐため、絶えず軍隊を動かし続けているのだ。2015年には「両会」期間中に突然、中央警備局長を更迭し、自分が信じている副局長を選んだ。また、北京軍区の衛戍区《えいじゅ》（首都警備部隊）司令官についても、自分が信じている人物になるまで何度も更迭した。習近平が信頼している人物とは主に福建省、浙江省あるいは南京軍区出身者である。

そして5大軍区の配置任命が終わった後、妙な光景となった。5大軍区の東南西北の司令官は全員上将であるのに対し、中部の北京駐在の司令官だけは中将の韓衛国[17]という人物が任命されたのだ。なぜ中将なのか。それは、習近平が信頼できる上将がもはやいないからだ。そこで、彼が信用できる南京軍区の韓衛国を登用したのである。彼は階級的にはレベルを満たしていないが、習近平にとってはもう他に選べる人がいないのだ。

そのため習近平の警備体制は、毛沢東や鄧小平と比べてもけた外れの様相を呈している。**毛沢東や鄧小平は外出の際に専用車に乗って、警備は陸軍だけで十分だったが、習近平は武装警察、陸軍、海軍、空軍とミサイル部隊総動員の防衛体制をとっている**のだ。これからも、党内がとても危険な状態であることがうかがえる。また、住まいも転々と変わっており、西山の軍事指揮部や玉泉山といった北京郊外だったり、政治の中心地である中南海だったりと落ち着くことができない状況だ。党、政府、軍隊の至るところに江沢民の手先がいて、少しでも危険を察知したらすぐに雲隠れする。それと同時に、中央警備局長、衛戍区司令官、北京軍区司令官、中部軍区司令官、そして武装警察長官のすべてを更迭し、自分の側近に代えたのである。

17. 1956～。階級は中将。中部戦区司令官。

ただし、軍改革によって習近平が手に入れたものもある。それは陸軍である。現在の陸軍司令官は先ほど石さんが挙げた李作成という人物で、この人は元々成都軍区司令官時代に反江沢民派だった。彼が軍長のとき、江沢民が出した軍隊管理5カ条を執行しなかったため、ずっと昇進できずにいた。ベトナム戦争時の英雄でもあるが、江沢民がずっと抑圧していたのだ。しかし2012年に開かれた「18大」のときに突然、胡錦濤によって成都軍区司令官に抜擢される。習近平は彼が反江沢民派だと考え、陸軍司令官に任命した。つまり、李作成を通じて習近平は160万の陸軍を手に入れたのだ。事実、李作成も習近平に忠誠を誓っている。

その後、習近平は武装警察も掌握した。彼は南京軍区から王寧《おうねい》[18]という人物を武装警察司令官に任命し、100万の武装警察も掌握したのだ。そのうえで、まだ掌握できていない空軍、海軍、ミサイル部隊を分割。それぞれを5大軍区に分散配置した。

では、なぜ習近平は、このような改革を行ったのか。それは、この3軍がいずれも自分に忠実ではないからだ。改革の名目は実に巧妙で、表面的には米軍をモデルとしており、「連合作戦司令部」も新設された。しかし、内実は米軍を外見上真似しているだけ。軍とはそもそも何なのかという「健軍精神」が、米軍とはまったく異なる。言わずもがなだが、米軍は国家の軍隊であり、クーデターを起こすことなどまず考えられない。アメリカでは誰

18. 1955〜。70年に人民解放軍に入隊。15年から武装警察司令官。階級は上将。

でも大統領になれば陸、海、空、海兵隊の４軍の司令官となり、軍もその命令に従う。しかし**中国の人民解放軍は、あくまで党の指揮下で党を守る軍**にすぎない。だから、中国軍はいつでもクーデターや軍事政変の火種となりうる。習近平は軍を掌握しきれていないため、軍を頼らざるをえない一方、全面的に信用することもできない。

毎年2けた増の軍事費はどこに消えたのか？

石平　軍に関しては、胡錦濤も掌握できてはいなかったが、しかし少なくとも人民解放軍は胡錦濤を降ろすようなことは考えておらず、その必要もなかった。習近平は軍を信用していないため、何とか掌握するために、反腐敗運動などでわざと軍を混乱させ、そのせいで軍に不穏な空気が醸成されている。これは、習近平政権にとっても、中国共産党自身にとっても将来的な危機に発展しかねないポイントだ。

このように、**習近平は軍、政府、党などいろいろな部分で、反腐敗、権力闘争によってさまざまな禍根を残してしまっている**。かつて胡錦濤が「不折騰」（余計なことはしない）と述べたが、ある意味では、胡錦濤の「不折騰」は逆に安定をもたらした。しかし習近平の３年間は、共産党側から見れば、やるべきことをやらずにぐちゃぐちゃに掻き回しただけなのだ。このまま、勝手な改革を進めれば軍も不満を爆発させてしまうかもしれない。そうなると、**習近平は自分の命を守れないどころか、暗殺されたとしても誰にやられたのすらわからないという状況を引き起こしてしまう**だろう。

中国共産党の政権成立以来、すべての指導者のなかでも、こんなに惨めな人はいないといえる。たとえ華国鋒《かこくほう》[19]でもこのように1日中、自分の身を心配するなどという事態には陥っていない。このような状態が指し示すところは、**習近平の運命が末路に入ったということだけではなく、ある意味では、中国共産党の権力構造や統治方法が末路に向かっており、そこから逃れられなくなっている**のだと思う。

陳破空　習近平は軍を掌握する過程において、反腐敗運動などにより軍の不満も買ってしまった。そもそも、なぜ軍は高福祉部門になったのか。なぜ誰もが軍に入り、将校になりたがるのか。それはそこに利益があるからである。軍事費は毎年2けた成長しているが、その大半は各階級の将校の懐へと収まってしまった。つまり、習近平が進める軍の掌握策は、いずれも軍内の利益集団にとって邪魔者以外の何ものでもない。

実は今年の軍事費に関して、まだ予算が成立する前の時期に、中国の新聞『環球時報』で20％の増加だと報道された。これは過去最高の伸び率である。しかし実際は、『環球時報』の編集長である胡錫進《こしゃくしん》[20]が習近平に不満を抱いていたために、わざと仕掛けた罠であった。

19. 1921〜2008。中国共産党中央委員会主席、中央軍事委員会主席、国務院総理（首相）などを歴任。毛沢東の死去後、四人組を逮捕し権力の座に就いたが、ほどなく鄧小平との権力闘争に敗れ失脚。

20. 1960〜。北京外国語大学修士。人民日報を経て環球時報。2005年に編集長に就任。今年3月、公的資金不正利用で中規委から警告処分された。

実際には7～8%しか増えず、近年最低の結果となってしまったが……。

この伸び率が最低に終わった理由は、ひとつは経済状況の悪化であり、今ひとつは周辺諸国への配慮である。しかし、最も重要なポイントは、**反腐敗を進めるうちに、過去に増加させてきた軍事費がすべて将校たちに回されてしまっていたことがわかったことだ。つまり軍事費を増やす必要などなかった**のである。

日本の防衛費は微増だし、アメリカは軍事費を削減する傾向にあるが、中国は毎年2けたの増加を保っていた。ところが、増加率が下方修正されたため、金が降ってくるのを待っていた将校たちは皆不満を抱いているわけだ。

こうした習近平の動きを見ていると、明朝最後の皇帝、崇禎帝《すうていてい》を想起させるものがある。崇禎帝は政治に熱心であり、色事にふけるようなこともなく、倹約を心がけていた。しかし結局、明王朝は崇禎帝のときに滅ぼされてしまう。習近平も共産党独裁体制を維持するべく動いてはいるが、内外に依然、問題は山積み状態であることから、結局は崇禎帝の明王朝と同じ命運をたどるかもしれない

だが見方を変えれば、習近平のやり方は、中国の人々にとって良い結果をもたらす可能性がある。なぜなら、共産党がバラバラになり、内部闘争が激しくなればなるほど、中国と中華民族にとって、待ちに待ったチャンスがめぐってくるからだ。

腐敗、反腐敗ともに共産党滅亡を引き起こす

石平　ここまでの話で、日本の読者にはヒートアップした面白い分析情報を紹介できたと思う。「天安門事件」についても話してきたが、あの時はあと一歩のところで共産党政権を倒し、民主主義を勝ち取ることに失敗した。鄧小平の話では、もし鎮圧していなかったら共産党はあの時に滅んでいたかもしれないのだそうだ。なぜなら、共産党政権の上層部が分裂していたからだ。

それを教訓に、「天安門事件」以後、鄧小平は国の基本指針として、政権内部は混乱してはならないと打ち出した。内部が混乱しなければ、外の学生がいくら騒いでも問題にはならない。では、**どうすれば内部が混乱しないのか。この課題は江沢民と胡錦濤に引き継がれたが、江沢民の答えは「悶声発大財」**[21]**、つまり皆で金儲け**である。腐敗のチャンスを皆に与えれば乱れることがない。胡錦濤も基本的に同じである。

一方で、日本で不思議に思われていることのひとつが、共産党による人民解放軍の管理である。毛沢東と鄧小平の時代では、彼らは軍隊の創立者であったため、絶対的な権威を持っていた。では、江沢民と胡錦濤はどうやったのかというと、先ほど詳しく話したよう

21. 直接の意味は「無口な人こそ大きな財産を得られる」ということ。

に腐敗だ。「お金もあげるし、儲けさせてあげるから政権の言うことに反対しないように」としたのだ。胡錦濤時代までずっと、皆で腐敗するという方法で中国共産党内の団結を保ち続けた。**「天安門事件」後も中国共産党が維持できたのは、経済成長などの要素はもちろんあるが、ひとつの重要な要因はこのように腐敗なのだ。**しかし、問題もここにあり、皆が腐敗した結果、腐敗の程度は目を覆わんばかりになってしまった。

陳破空　中国共産党は腐敗によって滅ぶか、反腐敗によって滅ぶかだ。

石平　共産党の最後は一体どうなるのだろうか。腐敗しなければ滅ぶ反面、この腐敗した状況を変えなければ滅んでしまう。結局、**共産党は反腐敗をしなければだめになるが、反腐敗を突き詰めても、やはり滅ぶことになる。**習近平は反腐敗によって党内を乱した。今となっては、党の中枢が胡錦濤時代のように和気あいあいでいられるわけもない。こうなったら共産党は、習近平を降ろして方針転換をするか、あるいは習近平に従い、陳さんが語っていたように崇禎帝のようになるしかない。

陳破空　数年前に「反腐敗しなければ国は亡ぶ。反腐敗すれば党が亡ぶ」という言葉があったが、最近この言葉は「反腐敗しなければ党は亡ぶ。反腐敗しても党は亡ぶ」に変わった。まさに、その通りであり、反腐敗で中国という国、中華民族が亡ぶのではない。共産党が亡ぶ。つまり、共産党が滅んだら中華民族を救えるのだ。

石平　その通り。だからある意味では、習近平を支持しなければいけないのだ。習近平、よくやった、私たちがやりたくてもできなかったことをよくやってくれた。共産党を乱してくれて、本当に感謝だ。

陳破空　この話を聞いたら反腐敗しなくなるかもしれないが、それは困る。

石平　だからこの対談の内容については、習近平に知られないようにしないと。

陳破空　最後に一言、軍が30万人削減したから、軍での反腐敗はこれで終わり。これ以上は続かないと思う。習近平は軍に脅威を感じており、反腐敗が続けば我が身が危うくなることをわかっているだろうから。

第4章

情報操作、巨大債務、大逃亡

～劇薬すら効かないゾンビ経済～

上海株式市場をめぐるつばぜり合い

石平　ここまで習近平政権の権力闘争について論じてきた。さらに、習近平政権の将来の安定性に欠かせないもうひとつ重要な要素がある。それは経済政策だ。マルクスはかつて「経済的基礎が上部構造を決定する」と述べたが、これは一理ある。国が富んでこそ、さまざまな方向性を打ち出せるからだ。では、これからの中国経済はどうなっていくのか。陳さんの考えを聞きたい。

陳破空　習近平がトップに就任してから中国経済は大幅に減速した。経済成長率は当初の8％から7％へと絶えず下方修正し、目標も6・5％まで下がっている。そんな苦境から作りだした新しい概念が「新常態《ニューノーマル》[1]」だ。これは2015年になって打ち出されたもので、構造改革などによる中国経済の転換を訴えているが、要はもうこれ以上の成長は望めないということを、言葉を変えて表現したものだろう。

共産党の指導者として党内で権力を固める際に、経済実績が最も重要な指標となる。なぜなら、彼らは政治改革を忌避し、「経済建設」だけを唱えているからだ。

ところが、江沢民や胡錦濤時代に比べると、習近平政権は大幅な経済減速の渦中にある。

1. 2015年3月の全人代で李克強が発表したもの。常態は「正常な状態」という意味。改革を進めながらも、成長率が徐々に下がっていくことも容認するという政策を指す。

株式市場を例に見てみると、昨年2015年、習近平はほとんどすべての業界が景気減速にあえぐなか、株式市場だけは活況を呈しているように見せかけようと、民間に散らばっている資金を市場へと吸い上げようとした。しかし、人為的に株価を高めたため、その後の暴落が極めて激しいものとなってしまった。上海株式市場は5000ポイントまで上がった後、暴落が始まり、3000ポイント、ひいては2500ポイント強まで下落。未だに回復していない。

後になって明らかになったことは、この暴落は習近平の政敵が内部で株価の操作を行って引き起こしたということ。暴落後に公安部副部長が調査グループを率いて上海証券取引所を調べたところ、この暴落は江沢民や曽慶紅による仕業で、一部の会社がわざと空売りをして株式市場を暴落させたことが判明したのだ。これらの会社は上海やシンガポールで登録されており、曽慶紅と強い結びつきがあるといわれている。この一件から、中国のインターネット上で次のような言葉が流行した。「財政部が株式市場を救済したのではなく、公安部が救済したのだ」と。

さらに最近、株式市場に新しい状況が現れた。2015年末、上海で「私募一哥《しぼいっか》」の人物が逮捕された。「私募」は文字通り私的にお金を募集すること、「一哥」とはボスという意味である。私募一哥の本名は徐翔《じょしょう》[2]といい、当初は数万円規模の株の売買からスタートし、

2. 1977～。上海澤熙投資管理有限公司社長。中国のジョージ・ソロスと呼ばれる。2015年11月、違法な手段で株式市場の内部情報を入手し、インサイダー取引と相場操作を行った疑いで拘束され、16年4月逮捕。

今では40億元の資産を持っている。
実はこの**徐翔の裏にいるのが、江沢民一家と曽慶紅一家を中心とする上海の太子党**だ。米紙『ニューヨークタイムズ』によると、習近平と王岐山は私募一哥の逮捕を考えているという。上海の太子党の面々は、わざと空売りして株価暴落を企てたとされる。ところが、ちょうど同じ時期に「パナマ文書事件」が発生し、習近平は対抗手段を打てなくなってしまったのだ。以降、いわば痛み分けの状態が続いている。

2015年の中国経済の実態はマイナス成長！

石平 習近平が株式市場にテコ入れしようとした2015年の春先あたりを除いて、株価はずっと低迷状態にあった。今まで最も厳しい時代は2008年の胡錦濤時代で、当時の株価は高値の6000ポイントから2000ポイントを切るところまで下落した。その後一時的には上がったものの高値を回復するには至っていない。
習近平が株価上昇を狙ったものの失敗に終わったように、政治面でも経済面でも、もはや打つ手はないに等しい。株価上昇策の失敗は、陳さんが言った習近平の足を引っ張りたい人の仕業という点も重要だが、さらに重要なのは**株価上昇という目標自体そもそも〝砂**

上の楼閣〟にすぎないということだ。中国の実体経済が下り坂を転げ落ちていくなか、「株高」という砂上の楼閣を作ることなど成功するわけがない。

今後、中国の経済は一体どうなっていくのか。先ほど陳さんが話したように、中国の成長率は絶えず下方修正している。政府が公表した成長率を見ると、２０１０年は10・６％、２０１１年が９・４％、２０１２年は７・７％。２０１３年も７・７％だが翌２０１４年が７・３％、そして２０１５年は６・９％だ。最近、発表された２０１６年の第１四半期の成長率は６・７％となっている。少なくとも、習近平がトップに就任してから、成長率が絶えず下がっていることは間違いない。

しかし、６・７％にせよ６・９％にせよ、陳さんもご存じのように中国政府が公表したデータ自体、信憑性に乏しく、国内外で大いに疑問が持たれている。たとえば、例の機密情報の公開サイト「ウィキリークス」によると、李克強は遼寧省党委書記時代の２００７年、すでに、アメリカの財務長官相手に次のような話をしていたという。すなわち、「遼寧省の経済状況を把握するためには、部下が提出した統計データは見るに値しない。なぜなら絶対に水増しされたものであるからだ。遼寧省の経済成長の度合いを見るのにより確実なデータは、たとえば電気の消費量である。どの国であれ、工場などの生産現場では必ず電気を消費する。だから電気消費量が増加すれば、ある程度経済が成長していることになる。逆に、減少していれば経済が低迷状態にあることとなる」と。

では、2015年の経済状況を電気消費量という指標から見てみると、2015年の電気消費量は確かに増加している。しかし、それでもわずか0・5%だ。**中国社会全体での電気消費量が0・5%しか増加していないのに、どうやって経済は6・9%もの成長を遂げることが可能なのだろうか。**

一方で、2013年の成長率は7・7%だった。同年の電気消費量の増加率も7・5%とほぼ同じ。このような場合は信用してもいいのではないだろうか。となると、このロジックでもう一度2015年の成長率を考えてみると、電気消費量の増加は0・5%しかなかったのだから、おそらく経済成長も実はせいぜい1%未満であろう。

さらに、もうひとつ中国経済を見るうえで重要な指標となるのが鉄道貨物輸送量だ。この指標もある程度、生産活動と経済情勢の実態を表している。鉄道の貨物輸送量を見てみると、2015年の鉄道貨物輸送量は前年比マイナス11・9%。つまり、経済活動は大幅に減退しているということを表している。

またもうひとつ、共産党が捏造しにくいデータとして対外貿易の数値がある。対外貿易であるから、必ず相手国が存在しており、中国が公表したデータは相手国のそれと合致していなければならない。そこで、2015年の中国の対外貿易総額を見ていると、やはりこちらもマイナス約８％とマイナス成長で、なかでもひどかったのは輸入額だ。前年の輸入額と比べると、何と14・２％も減少している。これは、ここ数年のうちで見たことがない大幅減速だ。

　これらのデータを総合的に見ると、私の判断では２０１５年の経済成長はマイナスとなった可能性が高く、公表数値のような成長率は絶対にありえない。**中国経済は鄧小平の南巡講話から始まり、江沢民、胡錦濤時代を経て現在の習近平時代になり、ここにおいて高度経済成長時代からマイナス成長時代に突入した**といえよう。では、そこまで落ち込んだ原因はどこにあると陳さんは考えているだろうか。

正鵠を射ていたドナルド・トランプ氏の分析

陳破空　中国経済の全体的な減速については、まず経済周期の問題がある。胡耀邦、趙紫陽時代の調整を経て、経済発展する基礎がしっかりとでき上がったので、80年代半ばから後半は非常に調子が良かったが、１９８９年の天安門事件以降、３年連続失速状態となった。当時の言い方では「疲軟《ピルアン》」（需要減退）という。しかし、１９９２年に鄧小平が南巡講話を発表してから、中国経済は再び高度成長の様相を呈したのだ。

この当時の経済成長には、いくつかの要因がある。ひとつは香港や台湾、あるいは日本や欧米など諸外国からの投資だ。今回のアメリカ大統領選挙における共和党の候補ドナルド・トランプ氏は、「中国はアメリカの資金を使って自国を立て直した。つまり、中国はアメリカに借りがあるということだ」と述べたように、アメリカの対中投資は非常に大きな役割を果たした。無論、日本からの低金利あるいは無償の円借款、ODA（政府開発援助）なども同様だ。現に胡錦濤が2008年に訪日した際、「円借款、ODAがなければ、中国の現代化はなかっただろう」と発言している。

もっとも、中国経済の高度成長の裏には、アメリカや日本などからの投資と援助があっただけではない。**中国政府が為替を操作し、国営企業に輸出補助金を出すことによって、20年近く米中貿易黒字を続け、この莫大な貿易黒字も高度経済成長を支えていた**のだ。数値を見ると、毎年1000億ドル、2000億ドルの米中貿易黒字が、ちょうど中国経済の2ケタ成長と一致している。つまり、極論してしまえば、この貿易黒字がなければ中国の経済成長は0％ということ。だから、トランプ氏の「中国はアメリカに対して借りがある」発言も当然なのである。

もっとも、2001年の中国のWTO（世界貿易機関）加入に際しては、アメリカは非常に力を尽くした。しかし、中国の加入後、貿易紛争の数が急増する。無論、その大半が中国絡みの案件だ。ダンピング、農産物や医療品に対する輸出補助金、人為的な為替操作による高関税政策等々、各国が中国を訴える案件が絶えなくなった。しかも、大多数の案件において中国が敗訴していることからも、中国はＷＴＯに加入したとはいえ、国際貿易ルールにまったく従ってこなかったことがわかる。

これを見ればわかる通り、ＴＰＰ（環太平洋戦略的経済連携協定）から除外されたのも当然だ。ブッシュ大統領時代は、まだ中国共産党とさまざまな経済交渉を行っていたが、オバマ時代になると、オバマ大統領が賢くなったこともあり、交渉してもらちが明かないため、ＴＰＰというバリアで除外を図ったのだ。中国が国際貿易ルールに従わない以上、ルールに従う国だけで新しいプラットホームを作り、自由貿易を守り抜こうということだ。

こうした経過を経て、現在の中国経済は再度「疲軟」期に入ったといえよう。この原因は大まかにいうとふたつ。ひとつは労働コストの増加だ。当初は安価な労働力で外国資本を惹きつけたが、現在は労働コストが上昇し続けている。しかも中国の労働力そのものも、「一人っ子政策」の影響などにより、生産年齢人口（15〜59歳）がどんどん減少し高齢化が進展してしまった。

そして、経済低迷のもうひとつの要因は、安い土地というアドバンテージがなくなりつつあることである。かつては、低価格で土地を入手できることが、外国資本にとっての中国投資のメリットとなっていた。しかし、現在は土地価格が高騰し続けているうえに、官僚と不動産業が結託して、自分たちの利益を出すことに血道を上げている。そのため、労働コスト同様、土地のコストも非常に上がってしまったのだ。

中国全土に広がる借金の山

陳破空　さらに、気になるのが中国の銀行の債務である。最近、私が見たデータによると、中国の企業のほとんどが、当たり前だが銀行から借金をしている。ところが、返済する能力がなく、その多くが不良債権と化しているのだ。銀行は銀行で返済期間を何度となく延長しているため、抱える不良債権の比率は表向きには2・5％となっている。しかし、実際には**中国の銀行が抱える〝隠れ不良債権〟を含めた比率は、45～50％にまで達している**というのだ。

また、地方政府が抱える債務残高も非常に増加している。地方政府が抱える債務を合計すると、中国のGDPの237％にも上るという。これは**中華人民共和国建国以来、最も地方政府の債務残高が多い時代を迎えている**ということ。しかも、ここには中央政府の債務は含まれていない。この前代未聞の莫大な債務が、共産党政権の崩壊を引き起こすきっかけとなる可能性もあるのだ。

さらに先ほども少し触れた不動産について、付け加えたいことがある。今、我々が話をしている２０１６年4月の時点で、中国の不動産市場は数年間の低迷状態から脱し、突如、暴騰しだした。深圳や上海、北京、広州など、幅広い範囲の大都市で不動産価格が急騰。たとえば、つい最近、深圳では62％も値上がりした。北京も同じような状況である。

無論、全体的な経済は下り坂にあるのに、不動産市場だけが値上がりしているというのは、とても異常な事態だ。実は現在、中国の不動産市場のストックが非常に増加している。たとえば大都市では不動産のストック、つまり空き家が６％を超えた。なぜ、６％もの空き家が売れ残っているのに、不動産価格が暴騰したのか。このひとつの原因は、中国人の収入構造に大きな変化が出てきたからだといわれている。２０１６年1月、北京大学が公表した研究報告によると、何と中国全体の富の３分の1をわずか1％の中国人が独占しているというのだ。

ことほどさように、貧富の格差はとてつもなく大きい。余裕がある人は、ひとりで何件もの住宅を所有している。ただし当然、住む場所は1軒なので、残りはすべて空き家だ。だから空き家が増えているのである。現在、中国全土で空き家は２０００万戸余りもあるという。ここに、人を住ませたら、1億人以上の人口を収容できるというのに。

また、空き家どころか中国全土にはたくさんの「鬼城」（ゴーストタウン）が存在しているのは、報道などでも知られているところだ。モンゴルには100万戸の家が立ち並ぶがら空きの町もある。貧しい人々は家を買うことすらできないのにだ。

広大なマーケットにまったく欠けている消費力

石平　なるほど。やはり私も中国経済に関していうと、アメリカとの貿易黒字という要素が非常に重要だと思う。この莫大な貿易黒字はいかにして生れたのか。それは陳さんも述べたよう、輸出のダンピング政策だ。中国の労働力が非常に安かったため、安価な日用品を大量に作ることができたのである。

私がアメリカを訪れた際、スーパーマーケットを回ってみたところ、たくさんの中国製のズボンやシャツ、肌着などが販売されていた。質はまさに玉石混交だが、とにかくよく売れている。ここから、実は中国経済のボトルネックが浮かび上がってくる。すなわち、**中国経済の最大の弱点とは、数十年の成長を経たといえども、国内消費の徹底的な不足という最も根本的な問題がまったく解決されていないこと**なのだ。

海外からすると、中国には大きな市場があると思われがちだが、実は全体的な経済構造を見ると、過去10数年の間、中国経済は消費不足、内需不足という状況にある。たとえば個人消費を見てみよう。日本では、GDPの6割弱を個人消費が占めている。これがアメリカになると約7割だ。アメリカ人には金のあるなしに関係なく、やたらと消費する悪い癖があるし、一方で貯蓄意識はほとんどない。

では中国はどうか。**GDPに個人消費が占める割合はたったの35%である。異常に低い数値であるうえ、10年、20年前はそれでも50%近くあったというから驚きだ。つまり、中国経済全体は成長したのに対し、個人消費の割合はかえって落ちている**のである。この個人消費35%が示すところは、中国経済の6割以上は国民の消費以外で成り立っているということだ。実は問題はここにある。

では、国民の消費以外の経済とは何なのか。ひとつは、陳さんが先ほど述べていた輸出ダンピングである。安い労働力を使って安い商品を作り上げ、国際市場でダンピングし、国内経済を牽引したのだ。だからこそ、消費不足の状況でも、中国経済は成長し続けられたのである。もうひとつ、見逃せないのが企業の設備投資や不動産への投資である。たとえば、陳さんが話していた**不動産投資は中国経済の実に4分の1を占めている**。また、政府主導のインフラ整備など公共事業投資も看過できない。2010年以前、不動産、設備、インフラ整備への投資を含めた固定資産投資額は毎年30%のペースで成長していた。

ところが、2010年以降、まず輸出額が減少する。その原因のひとつは、リーマンショックなどによる世界経済の全体的な変化だが、最も根本的な要因は、中国の労働コストの上昇である。中国国内の労働コストも労働者の賃金水準も絶えず上がり、中国製品はより安く作ることができる国・地域の生産物に取って代わられた。その当時、中国をかじ取りしていた胡錦濤・温家宝は本来なら、安いものを作って売って儲けた金で産業のレベルアップを図り、中国経済を高付加価値商品の生産へと移行するレールに乗せるべきであった。ところが、構造改革を行わなかったため、中国製品は世界のニーズに取り残されるようになったのである。

そして、もちろん投資も問題だ。不動産投資にせよ、インフラ整備投資にせよ、このままでは大きな禍根を残すだろう。

陳破空　その通りだ。投資の最も大きな原動力は腐敗である。中国政府が大量に投資する空港、鉄道、港などの建設には莫大な利益が伴う。そのため、関係者は皆、誰でもこれらの事業のさまざまな場面でうまい汁を吸うことができる。そして、その副作用として手抜き工事なども発生するわけだ。

そして、もうひとつのことにも注意すべきである。それは**中国の外貨準備高の急減な減少**だ。中国の外貨準備高は2014年、約4兆ドルと過去最高水準を記録した。ところが、その後、急落した元の買い支えなどのため1兆ドル近くもの資金が流出し、今年5月には3・2兆ドル弱まで減少したのだ。つまり、中国経済の高成長のシンボルともいえる3つの柱、海外からの資本、貿易黒字、そして外貨準備高がいずれも激減してしまったのである。

そして石さんが言っていた高付加価値商品がないどころか、ご存じの通り中国の工業製品や、軍事製品、ソフトなどは、ほとんどがコピー、盗作したものである。中国オリジナルとされる「殲《せん》10」などの戦闘機ですらそうだ。開発に成功したと吹聴しているステルス戦闘機「殲20」も、技術を盗んで作ったという噂が絶えない。

こうしたコピー、盗作や著作権問題に対しても、現在世界各国、とりわけアメリカはモニタリング措置を強めた。そのため、今後はこれまでのようにコピー製品を作るのは難しくなるだろう。**盗作経済は終焉を迎えつつある**ということだ。

麻薬のように中国経済をむしばむ「放水」頼み政策

石平　確かに。それと先ほど陳さんが述べた地方政府の債務問題の件とも関連するが、そもそも、なぜ大量の債務が各地で生じるのか。それは、地方政府が役人の昇進の機会、言い換えれば腐敗の機会を作るため、あるいは、自らの実績作りのために、銀行、あまつさえ違法な地下銀行から大量の資金を借り受け、収益性も低く効率も極めて悪いプロジェクトに投資したからである。

さらに、陳さんが指摘した今年に入ってから今までの数カ月で不動産価格が暴騰した件。あれは、中国共産党が公表した資料によると、実は中国政府が人民元の発行量を大幅に増やしたことに一因がある。**今年の第1四半期の通貨発行量は、何と4兆元を超えている**のだ。陳さんもご存知のように、2008年にリーマンショックが発生した後、温家宝が危機を乗り越えるために財政出動した額も4兆元である。

陳破空　その金の相当部分が横領され、残りはバブルとなった。

石平　そう。温家宝が打ち出した4兆元の財政出動は結局、国内で痛烈な批判を受けることとなった。その後の不動産バブルなどの問題は、この4兆元から生じたからだ。大量に紙幣を印刷することを「放水」というが、4兆元もの「放水」の効果は、インフレを引き起こしただけにすぎない。まさに**中国の古語に「毒酒を飲んで渇きを癒す」とあるように、この「放水」は一時的に渇きを癒すための「毒酒」にすぎなかった**のだ。

陳破空　大量に通貨を発行することも含め、独裁政府のメリット――つまり、市民にとってのデメリット――は、手の内にある権力を使って自分がやりたいことをやれることである。この流れで見逃してならないのは、今年の1月に起きた国家統計局長、王保安[3]の逮捕劇だ。奇妙なのは、彼が犯した罪について、これまでまったく説明がなされていない。だが、よくよく考えてみると、王保安は習近平政権のデータ捏造に協力しなかったから逮捕されたのではないか。なぜなら2015年の経済成長データが極めて怪しいからである。

当時、中国政府は経済成長率7％を目標にしていた。そして、最初の3四半期で公表されたデータは、いずれも7％だったのだ。7・1％もなければ6・9％もない。毎回7％だ。誰もがこの数値を疑った。そして、あまりに不自然だと政府も思ったのか、第4四半期にようやく6・9％という数値を発表したのである。

そして、この後、王保安が逮捕された。これは、あまりにも不可解ではないだろうか。前にも述べたが、習近平にとって重要なのは経済指標だ。経済状況が良くならないと党内での地位も穏やかでなくなる。だから、思い通りにならないとして、王を逮捕したのではないか。しかも、これもまた前述の通り、株の空売りで暴落を誘おうとするなど、習近平の政敵はあの手この手で政府の経済政策の妨害を図ってくる。彼らは権力のためなら、国民の大事なお金を利用することなどまったく厭わない。だから習近平は経済政策の面においても、彼の政敵、つまり江派を打ち破らないと、本当にしたいことができないのだ。

3. 1963～。中南財経大学経済学博士。財政次官を経て2015年4月、国家統計局局長に就任。だが、翌年1月にGDP成長率6.9％という発表の直後、汚職の嫌疑で解任。

「リコノミクス」の消滅、「シーコノミクス」の失敗

石平　確かにそれは正しいのだが、その一方で習近平の存在自体が経済の発展にとってマイナスの存在になっているのも事実ではないか。もともと、習近平政権の経済政策を担当していたのは李克強だ。その経済政策は「李克強経済学」（リコノミクス）と呼ばれていた。そもそも**リコノミクスは、胡錦濤時代の経済成長スタイルが、すでに限界に達していると気づき、それを変革するために生まれた**ものだ。胡錦濤時代の経済成長とは、前から述べているように輸出と投資に頼るスタイルだ。そして、その結果残ったのが地方政府における大量の債務と、それに伴う混乱状態だった。

こうした経済状況を改善するために李克強が考えたのが、中国の産業構造を変えるということだ。産業のレベルをアップして付加価値の高い商品を作り、商品の国際、国内市場での競争力を高め、中国経済全体を押し上げていかなければならない。もうひとつは「レバレッジ」を調整することである。この意味するところは、通貨を発行して経済を刺激しバブルを作るのではなく、着実に実体経済を発展させることに重点を置くことだ。

ところが意に反して、結局、習近平が自ら「中央財経工作組」という経済政策を取り仕

切る組織を立ち上げ、そのトップに就いてしまった。胡錦濤時代には総理である温家宝が経済政策を担当していたのだが、習近平は経済運営の主導権をも奪ってしまったのだ。**ここにきて、産業構造をレベルアップすることも、レバレッジをなくすという政策も全部白紙。**というより、むしろレバレッジを上げ、人為的に株式市場のバブルを作り、株式市場のバブルが弾けると、今度は不動産市場のバブルを作ることにしたというのが現実なのだ。

このように見てみると、習近平は経済学的センスにまったく欠けていると言わざるをえない。彼のいわゆる**「習近平の経済政策」――別名をシーコノミクス――とは、ただ単に自分の権力を保持し名声を高め、もはや過去のものとなった胡錦濤時代の国家資本主義に戻って、バブルを作るだけというもの**だ。これが、シーコノミクスの実態なのである。

「経済王」外しが生んだ皮肉な余波

陳破空　確かに、「シーコノミクス」は「リコノミクス」と違い、権力闘争のたまものと言うしかない。そもそも、２００７年に第17回全国人民代表大会（17大）が開かれるまで、胡錦濤の後継者は李克強との見方が大勢を占めていた。なぜなら、胡錦濤に引き立てられていた彼以外に候補がいなかったからである。その後、長老間の政治闘争によって江沢民派は胡錦濤派と一進一退の権力攻防戦が繰り広げられた末、習近平が後継者の第一候補に、李克強が第二候補となった。ここで当然、習と李の間にわだかまりが生じる。

実はそれと同時に、もうひとつの問題が出現した。中国政府のなかで最も経済をよく知っているのは、実は王岐山だったのだ。王岐山は国務院の副総理時代に経済政策を担当し、「経済王」と呼ばれた朱鎔基《しゅようき》[4]の後釜といわれるほど、経済面での能力が高く評価されていた。私も実際に彼は指導部の中でも、一番頭がよく知識もあるのではないかと思う。

王岐山は地方政府からのたたき上げだ。広東省時代には金融危機を巧みに処理し、さらに2002年に巻き起こった「SARS」(重症急性呼吸器症候群)騒動の際には北京市長として陣頭指揮し、その鎮圧に成功した。そうした危機時の活躍から「中国の消防隊長」とも呼ばれるほどだ。その後、中央政府でも経済を担当し、アメリカなどとの交渉は、いずれも専門家である王岐山がリードした。このためアメリカ側の評価も高い。

では、なぜ王岐山が習近平政権で経済を担当しないのか。これは権力闘争の犠牲としか言いようがない。まず、習近平が最高指導者となった以上、共青団派も面子を保たなければならず、結果、団派の李克強が総理となった。では、王岐山のポストはどうするのか。王岐山の常務委員会入りは決まっており、本来なら、第一副総理となって経済政策に協力するのが妥当だ。ところが、もし王岐山が第一副総理になって経済政策に関与するとなる

4. 1928〜。清華大学卒。51年に東北人民政府に入るも毛沢東の大躍進政策を批判し左遷され、さらに文革で下放。その後鄧小平に引き立てられ、92年の14大で3階級特進で常務委員会入りを果たす。首相として経済問題に取り組み高い評価を得ている。

と、李克強の役割や権力が相対的に軽くなってしまうことになりかねない。そのため、団派が王岐山の第一副総理就任という人事案に反対したのだ。

一方で、江派も自由主義的な側面のある王岐山とは相いれない。だから王岐山が全人代常務委員会の委員長にという声が挙がると江派は反対し、政治協商会議の主席ではどうか、というプランにも反対する。なぜそこまで反対するのか。それは王岐山がトップとして、全人代や政治協商会議を独立した機構とし、そこを自身の権力の根拠地と変えてしまうことを恐れたからだ。結局、**どのポストからも締め出された王岐山が最後に就けたのが、中央規律検査委員会書記という役職**だった。

このポストは当時、閑職と思われていた。その前任者たちはいずれも実質的権限がなく、何の役にも立たなかったのだ。ところが、習近平は王岐山をこのポストに置くと、これまでにない反腐敗のトラ叩きを開始し、皮肉にも江派は思いもよらぬ被害をこうむることになったのは、これまで説明してきた通りだ。一方、総理として経済政策を担当した李克強だったが、習近平との間のわだかまりが解消されぬまま、石さんの発言にもあったように、習近平に力を奪われてしまった。

こうしたなか、習近平は今、ひとりの人物を頼りにしている。その名は劉鶴《りゅうかく》[5]。劉鶴は習近平が作った中央財経領導小組の主任で、政府の経済政策を立案している。たとえば、

5. 1952〜。ハーバード大学修士。中国共産党第18期中央委員、中央財政経済領導小組弁公室主任、国家発展・改革委員会副主任在任中。習近平と親しい。

次の2016〜2020年までの中国経済の基盤となる「第13次5カ年計画」を作成したのも劉鶴だ。しかも**「5カ年計画」は、通例では総理が中央全体会議上に報告、説明すべきものなのだが、去年、初めて総理の李克強ではなく、習近平がその役を果たした**のだ。これは、これから少なくとも5年間は、習近平が中国経済の舵を取るという意思表示なのである。ことほどさように、習近平は劉鶴を頼りにしているのだ。

もちろん、これで実績が挙げられれば文句もないだろうが、この3年来の経済状況を見てみれば、打ち出したあらゆる措置はすべて効果がなかったとしか言いようがない。改革すべき国有企業は残されたまま腐敗の一端を担い続ける一方、私有企業は融資などあらゆる面で抑圧されるという**「国進民退」**は進むばかりだ。

こうした中国の姿勢は、世界最大の人口を抱える、世界第2位の経済大国としては、あるまじきものだ。世界銀行によると、「中国の経済発展スピードの減速」が世界にとって最も深刻なリスクだという。中国経済の減速、ひいては大崩壊は世界経済に災禍をもたらしかねない。

「爆買い」に如実に現れるいびつな社会構造

石平　中国の経済減速は、理屈上すべてが習近平政権の責任とはいえないだろう。すなわち、この数十年の中国の経済成長自体、いわば歪んだ経済成長なのだ。日本は経済成長の過程において、50年代から60年代、70年代まで着実に成長し、まさに「1億総中流社会」というような社会を作り上げた。

無論、今は必ずしも「1億総中流」とはいえない部分もあるが、それでもみんなが消費し、消費を通じて企業は生産を拡大し、こうした循環のうちに経済基盤を固めていったのは事実だ。だから、日本経済はバブルと、その後のバブル崩壊を経験しても、決してその中枢は揺るがなかった。これが富が偏在し、それを助長するような歪んだ経済成長を続けてきた中国との決定的な違いである。

陳破空　日本や欧米の社会は、富裕層や貧困層といった両端が少なく、真ん中の中産階級が大多数を占める「オリーブ型」だ。この中産階級が市場を支える形こそ、健全な経済といえるだろう。一方、中国経済は、真ん中が細く両端が大きい「ダンベル型」で、つまり貧富の格差が非常に激しい。

昨今よく聞かれる「爆買い」。日本でこの爆買いをする中国人はダンベル型の片側にいる人だ。**中国ではますます「権力に近づけば近づくほど裕福になり、権力を離れれば離れるほど貧しい」という認識が強まっており、まさに爆買いの主役は権力に近いところにいる富裕層**である。当然、権力者だけでなく家族や、子供、親戚などもその恩恵にあずかって、富裕層への仲間入りができる。それに、彼らと関係のある人々、商売人、そうした人々の親戚や家族なども、ダンベルの富裕層側に居座っている。これらの人々こそが日本に爆買いに来る本当の主役なのだ。もちろん、日本にやってきて爆買いする副総理や中国一の金持ちなどは見かけたことがないと言う人もあろう。しかし、これらの権力者たちの代理人が日本で爆買いしているだけのこと。

中国では毎年、全人代と政治協商会議という「両会」を開くが、中国の人々はこれを**「欧米留学生の保護者会議」**と呼んでいる。なぜなら、彼らの子どもたちは皆、ヨーロッパやアメリカ、日本に留学、あるいは移民しているからだ。ひいては資産を全部海外に移転している者もいる。彼らの子どもや親せき、あるいは彼らに関係する人々には莫大な消費力がある。だから、日本で爆買いする主役は決して普通の中国人などではなく、権力者と多かれ少なかれ、つながっている人々なのだ。

石平　まったくその通り。それと同時に、中国経済発展の最大のボトルネックは消費不足だと前に述べたが、これは当然、貧富の格差が大きすぎることに起因する。つまり、**中国国民の大半は、高い学費、高騰する不動産価格、老後の医療資源不足、そして介護など福祉サービスの不足等々に悩まされている**。こんな状況下では消費する勇気など起きるはずがない。しかも、購買力がある富裕層は国内ではなく海外で消費する。日本での電化製品の爆買いなどかわいいほうで、アメリカでは多くの中国人富豪が、各地の高級物件を購入している。

陳破空　彼らは金を儲けたら、中国経済を刺激するのでなく、世界経済に貢献している。中国の富や中国人が汗水をたらして稼いだ金を海外に移転することによって。

石平　そうだ。現状の共産党政権下では、このいびつな社会構造など、どう考えても変わるはずがない。なぜなら、おいしい思いをしている権力者は、当然、すべからく共産党の権力者だからだ。このままでは、激しい貧富の格差を作り出した富の分配方法は変わるわけがないし、ということはつまりは、中国の内需など拡大するわけがない。

しかし、習近平政権は前に述べた表現を使えば「放水」、つまり資金ジャブジャブ状態という「毒酒」を飲んで束の間の渇きをいやしているだけ。もちろん、この毒酒を飲むと3年後には死に至ることを習近平はよく知っているのだが、飲まなければ今年中にも死んでしまう。**すぐに死ぬよりは3年後に死んだほうがまし**という考えのもと、このような経済政策を打ち出したわけである。「シーコノミクス」つまり「習近平の経済政策」はとても経済政策などと呼べる代物ではないのである。

富裕層が逃げ、そして貧困層と「霧霾」だけが残る

陳破空　共産党が作り上げた経済繁栄は幻想にすぎず、実際には権力者たちが財産を海外に移転しているという事実から国民の目をくらます、隠れみのにすぎない。

石平　逆に言えば、習近平が打ち出した政策の下では、どう見ても中国経済が昔の高度成長の局面に戻ることなどもはやありえない。

陳破空　昔のアメリカ映画で「勝利への脱出」という作品があったが、共産党のやっていることは「勝利への大逃亡」、あるいは「失敗からの大逃亡」だ。権力者は中国の経済状況が良い時に海外へ家族と資産を移転し、経済状況が悪くなると、さらに資産フライトを加速させる。中国では、「大きな建物が倒れそうになったら、なかに住んでいるネズミがまず引っ越しを急ぐ」という言い回しがあるが、共産党はますます権力を集中しながら、その一方で、政権が倒れるだろうと考えている。だから、資産をどんどん海外へと移転させているのだ。

石平　しかも海外への資産フライトの度合いは、習近平がトップに就任してから加速している。なぜ加速したのか。ひとつは、富を持つ人々で腐敗と関係がない人などほとんどおらず、そのため反腐敗運動に恐れおののき、海外へと大逃亡しているからだ。もうひとつは、そもそも権力闘争の行方がよくわからないので、唯一の活路としてとりあえず海外への資産フライトを選んでいるということだ。

私はかつて日本のテレビ番組で冗談を言ったことがある。中国には現在「PM2・5」――中国では「霧霾《ウーマイ》」と呼ばれる――の問題が非常にひどいのはご存じの通りだろう。そして、**このまま中国人の金持ちが皆海外に逃げたら、中国に残るのは貧しい人と霧霾だけ**だ、と。

陳破空　中国共産党は環境破壊をしてPM2・5を生み出し、これらの有毒な水や空気を中国を貧しい中国人にすべて引き受けさせるというわけだ。

気軽に手を出して抜け出せなくなる3つのモデル

石平　しかも、陳さんが先ほど言及したように大量の空き家ストックがあり、これらを消費するのだけでも数年もかかるにもかかわらず、現在また新たなバブルを作っている。私は、あのかつてアメリカで起き、リーマンショックの引き金となった「サブプライムローン危機」のようなものが、間違いなく中国でも起こると思う。

陳破空　確かに、中国には不法融資がはびこっている。個人にも融資できると誘いをかけ、何と20もの口座を開かせて融資し、貸した金で株の売買をけしかけたのだ。ところが、突然のバブル崩壊で、多くの人が株式市場から抜け出すことができなくなった。にもかかわらず、また個人に融資して今度は空き家を買わせている。

石平　しかも**担保や頭金がなくても空き家が買える。ひいては大学生が家を買うことを奨励する。ここまでくると、まったく狂気の沙汰**である。

陳破空　中国ではやっている冗談を紹介しよう。「すぐに手放すつもりで株を買ったが、結局、株主となってしまった。すぐに手放すつもりで不動産を買ったが、結局、家主となってしまった。また、すぐに手放すつもりで女性を買ったが、結局、夫となってしまった」というものだ。最後の言い回しは少々下品だが、いずれもつまりは軽い気持ちで手を出したら、抜けるに抜けられなくなったというジョークだ。これが中国の現状なのである。

石平　2015年に株式バブルとその崩壊を経験したにもかかわらず、今年は不動産バブルを起こそうとしている。これは今年中にせよ、来年にせよ、壊滅的災いを呼び寄せるに違いない。そして、この壊滅的な事態がひとたび起こったら、もはやゾンビと化している中国経済は本当に終わりを迎えるに違いない。

陳破空　輸出の大減速を含め、そうした経済政策の失敗によって、習近平の権力はますます弱体化している。ところが、**党内での地位が弱くなればなるほど、習近平は国民への弾圧を強め、対外的には強硬な姿勢を示すようになる。**

石平　だから、我々の話題はおのずともうひとつの重要な領域に移ることになる。経済状況がだめになり、挽回の余地がなくなるなか、習近平政権がとれる中国共産党の支配体制を維持する唯一の方法は、外に打って出ることだ。もちろん、追い詰められて無謀な手を打ち、世界的な危機を作りかねない危惧もある。経済の話はここまでにして、次は今後習近平は軍事外交面でどんなことを考えているのか、この話に移ろう。

第5章

中国夢、尖閣有事、対中包囲網
～孤立無援となった紅い軍国主義～

70年以上狙い続けてきた南シナ海への野望

石平　前の第4章で、非常に重要な問題に言及した。中国共産党は、国内の政治、経済が行き詰ってしまったら、必ず対外進出というカードを切り始めるということだ。こうした動きについて改めて掘り下げてみよう。習近平が権力を握ったこの数年間、南シナ海進出の動きは胡錦濤時代より確実に加速していて、しかもより傲慢な態度を示している。そうした南シナ海での中国の動きについて陳さんにうかがいたい。

陳破空　南シナ海における中国の軍事行動には3つの大きな動機がある。ひとつは、第3章でも触れたが、習近平自身が軍を掌握する必要性があること。軍事委員会主席として、彼は鄧小平にならい、**軍を掌握するための秘けつは、軍事行動の実践であること**と理解している。実際、鄧小平は、華国鋒から軍事権力を奪うために、1979年、ベトナムへと侵攻した。これが中越戦争である。1カ月間の戦闘の結果は惨敗だったが、軍を動員したことで鄧小平は、その後、華国鋒を倒し、軍事委員会主席の座に就く基盤を築くことができた。

習近平の就任前、中国軍はすでに南シナ海で勢力範囲を広げていた。2012年に起きたフィリピンのスカボロー礁を奪った事件が、その象徴だ。その後、２０１４年にベトナム海域における石油掘削基地建設が問題となる。これらは元々胡錦濤時代、江沢民派の軍事委員会副主席である徐才厚と郭伯雄という軍の強硬派が主導した政策の流れをくむ。では、なぜ彼らは南シナ海進出という政策を主導したのか。それは端的に言うと、軍事費増加の口実が欲しかったためだ。実際増加した軍事費の大半は彼らが私腹を肥やすために使われた。とにかく、ロシアからの大量の武器購入、あるいは研究開発費、そして南シナ海、尖閣諸島、東シナ海の衝突、これらを名目にして軍事費の拡大を図ったのだ。

習近平が就任した当初から、すでにこのような軍の利益拡大システムが稼働していた。そのため、習近平はその方針を容易に転換することができず、南シナ海への拡張戦略を止めることができなかったのだ。しかし、就任後しばらくして、彼は軍を握るためには、ご機嫌を取りながらも、絶えず対外的に不安定要因を作り出せば良いということに気づく。それが軍を動員する機会となるからだ。そこで南シナ海での衝突に目をつけたのである。

しかも、南シナ海には豊富な石油と天然ガスという天然資源がある。中国共産党の利益集団は中国国内の土地を分割して占有し、鉱物資源を乱開発した結果、もはやこれ以上の利益は望めなかった。そこで**「中国夢」、つまり「金を儲け続ける夢」を見続けるため、南シナ海に狙いを定めたのだ。**

実際、中国は東シナ海より南シナ海のほうが、自分の好きなようにやれると考えている。南シナ海周辺の国家、ベトナム、フィリピン、マレーシア、ブルネイ、インドネシアなどは、いずれも比較的弱い小国であり、これらの国なら意のままにできるというわけだ。

こうした南シナ海への野望は何も昨日今日始まった話ではなく、すでに、第2次世界大戦後、旧中華民国海軍が南シナ海海域の島嶼に進出し、海洋調査を行っている。1947年12月1日、中華民国の内政省地域局が作成し、国民政府が議決・公布した『南シナ海諸島新旧名称対照表』、および『南シナ海諸島位置図』にある11段のU字線が中華民国の領海であると定め、それを「11段線」と称した。その後、1953年以降、中華人民共和国がベトナム戦争当時支援していた北ベトナム軍に配慮し、「11段線」の内、トンキン湾付近の点線ふたつを除去し、新たに「九段線」としたのだ。以来、南シナ海は中国の勢力範囲内に入ったとし、ここで事を起こすことも辞さなくなったのである。

しかし、こうした南シナ海への膨張政策は、中国共産党自らが取り決めた3つの規定に違反していることになる。ひとつは、1982年に締結した海洋法に関する国際条約だ。ご存じのように、各国に200カイリの排他的経済水域が認められているが、中国が勝手に決めた南シナ海の勢力範囲は、当然、ベトナムやフィリピンなどの排他的経済水域を侵している。たとえば、先述のスカボロー礁はフィリピンからわずか100キロ。一方、中国の最南端である海南島からは500キロも離れている。

ふたつ目の違反は、2002年に中国とASEAN10カ国が締結した「南シナ海の関係国の行動に関する宣言」に対するものだ。宣言では、一方的な行動による現状変更を行わないことがうたわれているが、見てきたように中国共産党は、やすやすと一方的に現状を変えてしまった。3つ目は、昨年9月、習近平がアメリカを訪問した際、オバマ大統領と交わした「南シナ海を軍事化しない」という約束を反故にしたこと。こちらもご存じの通り、ものの見事に軍事化してしまっている。

「中華民族の偉大な復興」の終着点

石平　習近平政権による南シナ海での勢力拡大について、陳さんの分析にまったく同意だ。そのうえで、1点補足したい。ここ数年来、習近平は「中国夢」、あるいは「中華民族の偉大な復興」ということを、口癖のように言い続けている。私は、この政権の核心的理念といってもいいスローガンについて、どう理解すればいいのか、ずっと考えていた。

中華民族の偉大な復興とは一体何なのか。どうすれば中華民族の偉大な復興が実現するのか。そして、それはいつ実現するのか。「復興」というからには、かつて理想的な状態があったわけだ。となると、一体どこに戻ろうとしているのだろうか。

戻るべきところはつまり、清朝以前の中華帝国時代のことを指しているのだと思う。少なくとも1840年のアヘン戦争より前は、中国人自身、自分たちがアジアの支配者だと考えていた。中国はアジアのトップに立ち、周辺諸国は臣服し、中国王朝に朝貢していたのである。習近平が提唱している「中華民族の偉大な復興」とは、この状態なのだろう。つまり、**毛沢東と鄧小平を超えるため、自分の手で中国を頂点とするアジア支配の新秩序を作りたいと考えている**のだ。

では、一体どうやって支配するのか。そのキーポイントが南シナ海なのだ。南シナ海は資源問題と同時に、もうひとつ重要なファクターを抱えている。それは南シナ海が多くの国にとっての重要な貿易航路であるということだ。統計によると世界の貿易のおよそ半分が南シナ海を経由している。

第4章で陳さんも少し触れていたTPPだが、アメリカが目指しているTPP体制の中心は南シナ海だ。もし**南シナ海を中国軍のコントロール下に置くことができれば、環太平洋地域経済圏は一瞬で破られる**ことになる。つまり、南シナ海が封鎖されればTPPは終了するのだ。

だから習近平の南シナ海戦略には、重大な国際戦略が含まれているように思える。南シナ海をコントロールすることでアジアをコントロールでき、アメリカと並び立ち対抗することができる。このように、南シナ海戦略ではアメリカとの徹底的な対立もあり得るが、アメリカで暮らす陳さんは、どう見ているのか。

関係改善の機を失ってしまった米中対立

陳破空　広い視点で見ると、中国共産党の対南シナ海政策は愚かなものだと思う。というのも、中国が南シナ海に勢力を拡大することによって、国際社会が団結する機運が高まったからだ。２００９年のオバマ大統領就任後、初めての中国訪問では、アメリカ政府はブッシュ時代の単独行動主義から多国間主義に転換する姿勢を示した。

ところが想定外だったのは、ちょうどその時、アメリカが金融危機に直面したことだ。中国共産党の強硬派はこれをチャンスだと考え、中国側のルールをオバマ大統領に課そうと、胡錦濤を無理矢理従わせて強硬姿勢をとるよう仕向けた。たとえば、オバマ大統領が一般人と会いたいと頼んでも中国政府はこれを拒絶。また、オバマ大統領が、中国の知識人に人気のある有力紙『南方週末』の単独インタビューを受けたところ、掲載差し止めを命じた。これに対し、『南方週末』は中国政府に対する抗議として、本来インタビュー記事が載るはずだったスペースを空欄にしたまま新聞を発行したのである。

このように、中国政府はオバマ大統領の要求をことごとく拒否した。その一方で、すでに世界第2位の経済大国となっていた中国に対し、「国際社会の一員としての責任を果たすよう、今の世界的経済危機に対して何らかのアクションをとるべきだ」とオバマが要求すると、中国側は「自国のことで精一杯で、他者を助ける余裕などない」ととりつく島もない。当然、この一連の中国政府の態度に対しオバマ大統領は激怒。さらに帰国後しばらくすると、中国は南シナ海と東シナ海へと進出していったのだ。そこで、アメリカ政府は、ヒラリー・クリントン国務長官主導で、アジアへの回帰と中国封じ込めを掲げる政策を打ち出したのである。

こうした中国の南シナ海での軍事拡張は、アジア全般に大きなうねりを生み出した。まさに当事国であるフィリピンは、一度は撤退させた米軍の再駐留駐在を求め、海上安全保障などの協力強化を目指した「米比防衛協力強化協定」を新たに締結。また、ベトナムなど沿岸諸国はアメリカに軍港を開放し、シンガポールのような親中国家ですら、アメリカの関与を要求した。さらに驚くべきことに、**北朝鮮ですら代表団がアメリカ訪問時に、「最初から中国は信用できない。抑制すべきだ」と発言した**といわれる。

まさに、中国共産党政権はアジアで総スカン状態となった。**中国政府は南シナ海の軍事**

化、人工島建設、地対空ミサイル配備など、着々と支配体制を築いていると思い込んでいるが、実際は、中国包囲網を強化させる一方なのだ。

オバマ大統領のアジア回帰、中国の封じ込め政策は「リバランス政策」と呼ばれる。たとえば、軍事面では太平洋と大西洋に配備している米軍を再編成。元々アメリカの重心はヨーロッパにあったが、海軍の比率はアジア60％、ヨーロッパ40％と、現在はアジアに比重が置かれている。経済面でも、ＴＰＰを推進し中国封じ込めを強化。政治的には、ＡＰＥＣなど国際会議への出席でもない限り、オバマ大統領は北京を訪問しておらず、中国への公式訪問も行っていない。

オバマ政権とブッシュ政権のやり方はまったく違っていた。オバマは本当に孫子の「戦わずして人の兵を屈する」、あるいは三国志に登場する「兵を用いて、心を攻めるのが上策、城壁を攻めるのが下策」といった中国の古い教えを理解していたのではないか。まさに一兵卒も使わず、共産中国を静かに包囲してしまったのであり、その手腕はブッシュ前大統領より巧みだといえよう。

オバマの２期にわたる任期満了の直前の今になって、中国はアメリカの包囲網にはまっていることに気づいた。日本は集団的自衛権行使を解禁し、国際社会で重要な役割を担おうとしている。オーストラリアとニュージーランドもアメリカとの協定を再強化。インドはアメリカと日本とともに軍事演習を繰り返し、ついには今年、南シナ海でも海上演習を行った。**南シナ海はＡＳＥＡＮ諸国のような小国だけでなく、インドや日本のような地域大国、そしてもちろん超大国アメリカも巻き込んだ、中国封じ込めの最前線となった**のだ。

南シナ海で着々と広がる中国包囲網

陳破空　では、習近平は南シナ海のどこまで攻めようとしているのだろうか。フィリピンの島を奪ったが、それは胡錦濤時代のこと。胡錦濤は実権がなかったため、実際、軍事行動をリードしたのは徐才厚と郭伯雄だ。その後、南シナ海の中心に位置する、南沙（スプラトリー）諸島のファイアリー・クロス（永暑）礁を埋め立てて人工島とし、滑走路を建設。また、西沙（パラセル）諸島の永興島に、長距離地対空ミサイルや戦闘機も配備し、完全に軍事基地化している。

さらに、今年に入り新しい動きがあった。中央軍事委員会副主席、范長龍の永興島視察である。軍のナンバー2が視察を行ったことに対して、アメリカはそのわずか1週間後、カーター国防長官が自ら軍艦に乗って南シナ海を巡視した。これは**米中の軍事対立がレベルアップした**ことを意味している。一方で、アメリカの空母2隻が南シナ海に入ると、中

常設仲裁裁判所で否定された中国の南シナ海領有権

国側はすぐに対抗措置として中国海軍が追尾行動し監視していると国内に喧伝した。つまり、これは強大な中国海軍に米海軍が監視されていると言っているのだが、実際、アメリカの巨大な空母と比べ中国海軍の軍艦はまるで子どものおもちゃにすぎず、たとえ軍艦の数を増やして米空母を包囲したとしても、実際、何の役も立たない。

それでも中国のエスカレートは止まらず、最近では「南シナ海防空識別圏」を設けると言いだした。南シナ海防空識別圏が意味するところは、いわゆる「九段線」の領域すべてを中国の勢力範囲とするということ。無論、即座にアメリカ側は容認しない旨を明言した。この前例となるのが、2013年に中国が東シナ海で防空識別圏を設けたこと。当時、アメリカはそれに激しく抗議。その直後にB-52戦略爆撃期を防空識別圏に向かわせた。さらに続いて、日韓両国も空自機と韓国空軍機を、それぞれ防空識別圏に飛ばしたのだ。

そのうえでアメリカは、中国に守るべきふたつの最低ラインを突きつけた。フィリピン領域のスカボロー礁周辺に埋め立て地を作らないこと。そして、南シナ海で防空識別圏を設定しないことである。もしも中国がこのふたつを守らない場合、アメリカは軍事行動という選択肢も排除しないという姿勢だったわけだ。

にもかかわらず、中国政府は南シナ海での軍事化をどんどん進めていて、次は防空識別圏、そして、その次は戦争になりかねない。今日（2016年4月20日）、イギリス政府はメディアに対し、中国が戦争を引き起こすであろうという話をした。私は2年前に『日米中アジア開戦』という本を出版し、東シナ海あるいは南シナ海において、中国は必ず世界と戦争をすると述べたが、今から見ると情勢はその通りになっている。中国政府の強硬策によって、小規模紛争、あるいは局地的戦争が起こされ、これが拡大化すると世界大戦を引き起こしかねない。欧米側は、その準備を怠っていないと思う。

「新冷戦宣言」だった「新型大国関係」

石平　私は、さすがに中国とアメリカが戦争を起こすとは思えない。このことについては、後ほど、もう一度討論しよう。ここまで胡錦濤時代から今日まで、中国の南シナ海での強硬政策とその変化、およびアメリカの対応について話したが、その間オバマ大統領は中国の胡錦濤、習近平両政権とやり取りをした。胡錦濤時代の終わりに対中強硬態勢をとっていたオバマ大統領が「アジア回帰」――これは日本のある大学での講演時に述べたものである――を打ち出したのだ。

習近平が就任した当初、オバマ大統領は彼と本気で友好関係を結ぶことができると考えていたと思う。間に入って取り持っていたのは、副大統領のバイデン氏だ。彼は習近平と個人的に仲が良かった。そうしたバイデン氏との関係もあったからだとは思うが、オバマ大統領はきちんとした米中関係を築けるよう、習近平を説得したのだ。

アメリカ西部の農園での会談は非公式会談だったが、日本でも大いに注目を浴び、ふたりは2日間で何と計8時間も話をした。これはオバマ大統領と外国元首との会談の最長記録になるのではないか。

陳破空　記録かどうかはわからないが、長い会談とは言えるだろう。

石平　ほかの国家元首とは、こんなに長い8時間もの会談などないと思う。日本はアメリカの同盟国だが、安倍首相との会談でさえ1、2時間だ。

陳破空　友たちであればあるほど話さなくてもいいのでは。

石平　そうだとしても、オバマ大統領がこんなに長い時間をかけて習近平と話し合うということは、本気で習近平政権といいバランスを取りたかった証だと思う。

ところが、習近平は結局、オバマ大統領から離れていってしまう。就任当初、習近平はアメリカと「新型大国関係」を築くと打ち出していた。この「新型大国関係」について私の理解では、「中国とアメリカは平等だ」ということになる。これは国内で大々的に喧伝されたのみならず、はじめはオバマ大統領も同意したようなそぶりを見せていたが、昨年2015年の米中首脳会談では、習近平が「新型大国関係」に言及してもオバマ大統領は一切そこには触れなかった。

陳破空　オバマは、最初からこの「新型大国関係」という言い方を受け入れていないのだろう。なぜなら、**習近平が言う「新型大国関係」とは新冷戦の代名詞**だからだ。

これはアメリカと旧ソ連が対立していた冷戦時代の言い回しで、要するにソ連もアメリカも大量の核兵器を所有する大国であり、東と西の両陣営に分かれてはいるが、誤った判断、誤解による世界大戦の勃発を避けるため、互いの利益を尊重し、その勢力範囲を守ることを「大国関係」と呼んだ。核の恐怖の下でバランスをとったことから、「恐怖の均衡」ともいう。

習近平が提唱した「新型大国関係」は、アメリカにとっては「新冷戦宣言」のように聞こえ、そのため最初から受け入れる気などなかったと思う。しかも、この言葉には中国側の思惑が込められていた。当時、中国の『環球時報』には、「米中のような大船と比べ日本など何者でもない。米中大国関係を構築できたら、日本は潰されるだろう。他のアジアの小国はなおさらだ」という論調の評論が幾度も掲載されていた。

つまりこの**「新型大国関係」という言葉に込められた中国の思惑とは、ズバリ野望**だ。アメリカが中国を大国として認めれば、中国は大国として小国を犠牲にすることを辞さない。だからアメリカは、はじめから一切受け入れていないのだ。

アメリカが絶対にアジアを手放さない理由

石平　確かに、そういうことだ。習近平が提示した大国関係とは、我々が先ほど言っていた、習近平がアジアを支配し中華民族の偉大な復興を目論んでいるということと、見事にリンクする。

陳破空　中華帝国の偉大な復興だ。

石平　アジアは我々の勢力範囲であるから、アメリカは太平洋のあちら側に行ってくれというわけだ。習近平はアメリカ側に「太平洋は十分広く、両国とも受け入れられる」と言ったのだが、本当は太平洋のあちら側はアメリカ、こちら側は中国と二分したいのだ。

陳破空　付け加えると、これは日本の第2次大戦時の軍国主義時代の考えとすら軌を一にしていると思う。だから現代軍国主義は東京におらず、今は北京にいると私は思っている。中国共産党は日本の軍国主義を批判していたが、日本では軍国主義思想はきれいに消えた一方で、中国の軍国主義は現在、圧倒的な主流となっている。

石平　この戦略目標に合わせ、習近平が新しい概念「アジア安全保障観」を打ち出してきた。つまり、アジアの安全に関して、どうそれを実現するのかという、外交、防衛コンセプトである。習近平の言い方では、アジアの安全はアジア人の手によって守ることが重要だとのことだ。

陳破空　これもまた日本の軍国主義時代のイデオロギーで、「大東亜共栄圏」と「アジア主義」に相当する。もうひとつは、いわば「アジア人によるアジア人のためのアジア」とでもいうべき考え方で、日本の軍国主義は成功せずアメリカに撃破されたが、今の中国の〝紅い軍国主義〟はそれを受け継ぎ、アジアを支配しようとしている。

石平　「アジア安全保障観」という概念が、戦前の日本と関係があるかどうかについては話が別だろう。もちろん、私も今の日本に軍国主義があるとは到底思っていないし、それは別の話題なので、ここでは深く掘り下げない。

私は、この「アジア安全保障観」の中身に一種の〝殺気〟を感じる。アメリカ人はアジア人ではないからアジアの安全にかかわる資格がないとして、アメリカ人をアジアから追い出そうとしているからだ。胡錦濤の時代にオバマ政権がアジア回帰を打ち出した。ところが、ここまで見てきたように、**習近平の「新型大国関係」、あるいは「アジア安全保障観」はアメリカの「アジア回帰」とは真っ向から対立するものだ。つまり、アメリカとアジアの支配権を争う宣言**なのである。

しかし私は、アメリカはたとえ何があっても、アジアにおけるプレゼンスを捨てるわけなどないと思う。アメリカは世界各国で戦ってきたが、どこで一番多くの血を流したのか。それはアジアである。日本との戦争で、米軍の兵士10万人以上が戦死した。この戦争が終わって間もなく、今度は朝鮮半島で共産主義勢力と戦い、再び4万人以上のアメリカ人が戦死した。その10数年後にも、またアメリカは戦争に赴く。

陳破空　ベトナム戦争で戦死した米兵の数はおよそ5万8000人だ。

石平　そう。つまり**アメリカにとって、アジアの秩序は若いアメリカ人の血であがなったもので、やすやすと中国や習近平に譲るわけがない。**だから、中国がアメリカを追い出し、アジアを支配しようとするなら、アメリカとの武力衝突は避けられないものになる。そうなれば、それこそまた夥しい人の血が流されることになろう。だからこそ、外交が大切になってくるのだが、それについて陳さんの考えをうかがいたい。

南シナ海から始まるポジティブな軍拡競争

陳破空　米中のアジアでの対立について、私は違う角度から見ている。アメリカが譲歩するはずがないだけではない。アメリカは、「アジアの平和を保障する国」という立場を、どのようにして築いていったのか。それは第1次、第2次世界大戦、そして冷戦という長い時間を経て形成されていったものである。アメリカは両大戦と冷戦の勝利者であり、世界の平和を守った国だ。いわば自由や民主主義など普遍的価値の砦である。

アジアでは、第２次大戦後も火種が多く、とりわけ中国は周辺国との衝突が絶えなかった。朝鮮戦争、中越戦争、インドやソ連との国境紛争など、のべつまくなしに戦っていたわけだ。それだからこそ、米軍のアジア駐留に大きな意味があった。なぜなら、もし彼らがいなかったら、そのような地域紛争では済まなかったはずだからである。日本も日米同盟のもとで、平和な国になり、戦後70年間、戦争に巻き込まれずにやってきた。

アメリカはアジアだけでなく、世界の平和をも保障している。現在アメリカは、49カ国に軍を駐留させている。ヨーロッパからアジア、北半球から南半球まで、アメリカはあらゆるところに軍隊を派遣し、世界の平和を守っているわけだ。

共産党運動の創始者であるレーニンは、かつて「外交は内政の延長である」と語った。となると、アメリカ外交は、民主や自由といった普遍的な価値の延長となろう。他方、**中国外交は、独裁や強権、腐敗の延長**となる。事実、アジアやアフリカへ、独裁と腐敗を〝輸出〟したではないか。中国共産党政府はならず者国家や腐敗し切った政府と手を組み、その国をいっそう堕落させる。ジンバブエやミャンマーがその代表ともいえるが、いずれも目を覚まして自ら改革を行い、そうした堕落から逃れることができた。

石平　習近平政権は現在、南シナ海に深くはまり込み、アメリカ、そして周辺諸国による強烈な反対に遭っている。それを強行突破するためには、軍備拡張をし続けるしかない。もちろん、周辺諸国も手をこまねいて見ているだけでは危険だということは、重々承知している。そのため、南シナ海では冷戦時のような軍拡競争が始まった。

たとえば、**フィリピンは軍を整備・拡張し、米軍基地の再受け入れを決定**している。日本は言わずもがな。安倍政権はベトナムとフィリピンとの軍事協力体制を強化し、海自の駆逐艦はフィリピンやベトナム、さらにはオーストラリアに寄港するようになった。

ベトナム以外にも、オーストラリアは――残念ながら日本は受注競争に負けてしまったが――最新鋭潜水艦12隻をフランスと共同開発することを決定し、インドネシアも南シナ海の島に新型のＦ16戦闘機を配備することを公表した。アメリカが海軍の60%をアジアに集中させることは陳さんが先に述べていた通りだが、さらに最近、アメリカのカーター国防長官が、ズムウォルト級ミサイル駆逐艦を太平洋艦隊に配備する旨を述べている。

ズムウォルト級ミサイル駆逐艦はステルス機能を持つ次世代兵器で、すでに1隻が完成しており、これからさらに2隻を建造し、その3隻とも太平洋艦隊に所属するという。このように、先ほど陳さんが説明していた、**世界が対中包囲網を築きつつあるという状況は、極めて素晴らしい**ことだといえよう。

その一方で、中国の経済もアメリカの経済も下り坂になっている。胡錦濤時代、中国の財政収入は毎年20ないし30％も伸びていたが、昨年の成長率は5、6％まで下がり、今年も下がるかもしれない。財政収入が減るのに軍備は増長しているわけだから、中国の経済状況はさらに悪化するだろう。しかも、周辺諸国による包囲網はどんどん強化されている。つまり、中国は軍事面からの滅亡への道を一直線に進んでいるのである。

ここで、私が思うのは、中国共産党はこの〝死のドライブ〟から真っ当な道へと習近平を連れ戻せるのかどうかということだ。数年前に団派の重要人物である中国副総理、汪洋《おうよう》[1]がアメリカで次のような発言をした。「私たちはアメリカと対抗しようと思っておらず、また、アメリカが築いた秩序を壊したいとも思っていない」と。どう考えても、汪洋の言い分は習近平路線と相反している。

ならば汪洋が、その言葉に込めたアメリカに伝えたいメッセージとは、「中国共産党内は皆アメリカと争いたいわけではない。私たち団派は協力したいのだ」ということであろう。つまり、私が言いたいのは、中国共産党がこの死路から生還したいのなら、習近平を降ろせるのか否かにかかっているということだ。これは本書の最後にさらに深く話すべきテーマだが……。

1. 1955～。中国科学技術大学工学修士。第18期中国共産党中央政治局委員、中華人民共和国国務院副総理（副首相）。前広東省党委員会書記、重慶市党委員会書記。団派。

権力闘争の手段にすぎなかった尖閣反日デモ

陳破空　**今の状況で習近平が対外的に強硬姿勢を強めているのは、内部での権力が不安定化し、ある意味では弱体化しているから**だといえる。いわば、ヤクザ社会の原理と同じだろう。外で人を殺し、物を奪い、凶暴に振る舞えば振る舞うほど内部を威嚇することができる。そうすると内部での立場も確固たるものとなる。

再び、レーニンの言葉「外交は内政の延長である」を使うなら、この地域に中国の内政から延長したものは何なのか。そして考えたいのは、なぜ南シナ海が緊張しているのに対し東シナ海、尖閣諸島は一時に比べ落ち着いているのか。それはつまり、**尖閣諸島問題は中国内部の権力闘争と大いに関係しているということを表している**のだ。

習近平の就任前に尖閣諸島の情勢はすでに緊迫化していた。とりわけ、緊張が高まったのが、２０１２年９月、日本が尖閣諸島を国有化してからだ。もう一度、おさらいになるが、ちょうどその頃、胡錦濤と温家宝が習近平と手を組んで、薄熙来、周永康と権力争いをしていた。薄熙来と周永康の後ろ盾は江沢民派である。

日本の尖閣国有化の直後に、北京で大規模な反日デモが行われたのを覚えているだろう。

このデモを裏で操っていたのが実は周永康だった。警察（公安）、司法などをつかさどる政治法律委員会のトップだった周永康は、公安を私服に着替えさせ、棒を持って街で暴れさせたのだ。その後、中国全土で反日デモを起こし、各地を暴力と破壊に巻き込んだ。

では、なぜこのようなことをしたのか。その理由は、**反日デモという問題を引き起こし、薄熙来と周永康に対抗国のリーダーだった胡錦濤と次期リーダーの習近平の力を削いで、対抗できないようにするためだった**のだ。

当時、私が日本を訪れた際、記者にこの問題について質問をされた。そこで私は「尖閣諸島問題の激化の裏にあるのは、中国内部の権力闘争の激化だ」と答えた。さらに「では、その権力闘争が一段落したら尖閣諸島問題も静かになるのだろうか」と聞かれたので、私は「静かになる」と答えた。結果2013年末、尖閣問題はまるで眠るかのように静かになった。なぜなら、周永康が反腐敗で政治生命を断たれたからだ。

習近平は当時、尖閣諸島で日本と紛争を起こす気など、さらさらなかった。日本はすでにアジアの強国であり、尖閣諸島は日本の管理下に置かれてから100年以上経っている。そんな状態で問題を起こすメリットなどない。つまり、当時の状況は周永康や徐才厚、郭伯雄といった江派が仕掛けた罠だったのである。

今、中国が尖閣問題を持ち出さない本当の理由

陳破空　先述の自著『日米中アジア開戦』で、私はこう述べた。すなわち、**尖閣諸島周辺が静かになった時こそ、日本は気をつけなければならない**、と。そういう状況でこそ、突然、大惨事が起きる可能性が高いからだ。私が考えたシナリオは、**突如として大量の漁船が尖閣諸島へと押し寄せる。漁船は実はスパイ船で、乗組員は変装した中国人民解放軍。彼らは尖閣諸島を占領し、その後、局地戦が勃発。日米が連携して人民解放軍を撃退し、**3000人余りの中国軍兵士が投降するというものだ。

今のところ尖閣諸島の周辺が静かだが、中国政府が次の一手をうかがっている可能性は否定できない。なぜなら、先のシナリオのような出来事は、すでに現実に起きているからだ。インドネシアの排他的経済水域に中国の漁船が現れた。漁船は大きく頑丈なもので、最新設備を備えている。その実態は中国共産党のスパイ船であろう。船員、船長も私服スパイかもしれない。だから今、尖閣問題はただ単に静かというよりも、まさに嵐の前の静けさなのかもしれない。日本と周辺諸国は警戒すべきだと思う。

石平　最近の尖閣諸島周辺がこの数年間と比べて静かなのは、もうひとつの原因がある。

それは習近平政権の南シナ海での動きとかかわりがあるのではないだろうか。先ほどから何度も触れているように、**中国は今、南シナ海で多くの国と対峙している。ゆえに、東シナ海で日本との緊張状態を緩和すれば、南シナ海に力を集中させることができる**わけだ。

もちろん、周知の通り習近平政権は最近、再び日本に対する態度を硬化させている。その理由は、南シナ海は日本と関係ないのに、安倍政権が――中国の言い方を借りると――〝介入〟してきているからだ。ベトナムとフィリピンと軍事的な協力関係を築くことは、中国からすると他人の問題に深くかかわりすぎということになる。

では、**東シナ海、尖閣諸島で問題が爆発するタイミングがいつなのかというと、それは国内の経済問題や政治問題に対して解決策の出しようがなくなった時**だと言える。なぜなら、**南シナ海で何か事を起こすよりも、東シナ海、尖閣諸島でアクションを起こしたほうが中国人の愛国主義感情を刺激でき、国内の統合を図ることができる**からだ。

無論、尖閣諸島で実際に何か起きた際に、習近平政権がまず考えなければならないのは、アメリカはどうするのかということ。それに関してオバマ大統領は、尖閣諸島は日米安保条約の範囲内に入っていると繰り返し強調している。ということは、もし中国が尖閣諸島に軍事攻撃をしかければ、アメリカ軍は日米安保条約に従い出動することになるわけだ。つまり、習近平は日米と戦争をするハメになる。

このような米中紛争は絶対に避けたいはずだから、習近平政権は、尖閣諸島をめぐって冒険することは最後の最後までないのではないかと思う。逆にアメリカが尖閣諸島のことで、中国と本気でやりあうのかどうか、中国がどう判断するか次第の部分はあるが。

陳破空　中国共産党はアメリカの様子をうかがおうと、東シナ海で幾度となく示威行為を行っている。一方で、アメリカも大統領や国務長官が態度を明確化し、尖閣諸島は日米安保条約の範囲内であると強調しているのは、先ほど石さんが言った通りだ。ゆえに、中国が尖閣諸島を攻撃してきたら、アメリカは日本を防衛するのは間違いないだろう。

前にも触れたように、私は著作などを通じて縷々、中国の尖閣攻撃の可能性について述べてきた。その様子が決して絵空事ではないことが、昨年漏えいしたアメリカの機密文章で図らずも証明されたのである。**アメリカは、すでに尖閣諸島の作戦案を作成しており、もし尖閣諸島が中国に奪われた場合、日米連合軍がどう反撃して島を奪い返すのか、詳細なシミュレートをしている**のだ。

日本と南シナ海問題の抜き差しならない関係

陳破空　東シナ海についてもうひとつ言っておきたいのは、安倍政権の南シナ海政策についてである。中国政府は、東シナ海で騒ぎを起こさないことで、日本が南シナ海問題にも口を挟まないように仕向けたかった。だが、これは中国共産党の独りよがりの考えにすぎない。私が思うに、**日本やインドのような地域大国は、南シナ海問題のような国際問題にどんどん介入すべきである。なぜなら、南シナ海が守れなければ、東シナ海も守れないのだから**。

逆に、もし中国共産党が南シナ海を手に入れたら、次は東シナ海になるはずだ。毛沢東がナチスについてこう話したことがある。

「ヒトラーのファシズム政権の生命は攻撃にある。攻撃が止まったら、政権の命も終わる」

もちろん、中国共産党政権もファシズム政権である。**ヒトラーが作ったのは〝国家社会主義《ナチス》〟で、中国共産党が作ったのは〝社会主義国家〟だ、というのは単なる言葉遊びに留まらず、両者が同質であることを示している**。中国共産党というファシズム政権も、やはり〝攻撃〟がその基盤となっているのだ。

国内では、逮捕、抑圧が絶えず、国外においても武力行使をし続けている。だから、**ひとたび南シナ海の支配に成功したら、次は東シナ海、尖閣諸島への侵出となるのは必然**なのだ。宮古島から尖閣諸島までの広い海域が狙われるだろう。それによって太平洋のシーレーンを手に入れることができるからだ。

こうして、この〝紅い怪獣〟が太平洋へと進出したら、世界秩序は大混乱に陥る。だからこそ、日本の安倍政権やインド、そして南シナ海の周辺諸国の中国に対する現在の政策選択は正しい。アジア諸国は連合して立ち上がり、この〝紅い軍国主義〟と戦うことでアジアの平和や南シナ海、東シナ海の平和を守ることができるのだから。

石平　安倍政権の南シナ海政策に関して、私も両手を挙げて賛成している。**南シナ海が中国の手中に落ちれば次は東シナ海となり、日本にとってこれは死活問題**である。実際問題、南シナ海は日本と非常にかかわりが深い。

陳破空　貿易の要所だ。

石平　そうだ。まさに要所となっている。日本は資源が乏しい国であり、経済と人々の生活は大量の輸入に頼っている。

陳破空　しかも、日本の投資の重心も東南アジアに移りつつある。

石平　その通り。だから**日本に選択の余地はない。中国が力づくでも南シナ海を支配しようとするならば、日米同盟を軸に、オーストラリア、フィリピン、インドネシア、ベトナム、そしてインドまで巻き込んで統一戦線を形成し、中国と対抗しなければならなくなる**だろう。

対外強硬姿勢から透けて見える紅い帝国の末路

石平　こうなると、習近平政権は国内の危機を回避するために、尖閣諸島で軍事的行動に打って出るかもしれない。軍事行動に乗り出したら、陳さんの言うように米軍は必ず出動するのか。

陳破空　必ず出動する。

石平　そうなると、習近平政権は必ず失敗する。歴史の経験から見ると、独裁政権の対外軍事行動が失敗したら、国内においても……。

陳破空　清王朝の末期と同じことになるだろう。いったん対外戦争が失敗したら、国内では威信を失い、人民が立ち上がり政権は倒されていく。

石平　もちろん、これは習近平だけの問題ではなく、中国共産党政権の問題でもある。**南シナ海と東シナ海でこのまま行けるところまで行ってしまったら、まさに「自分の墓穴を自分で掘る」ことになる**だろう。

陳破空　自滅である。

石平　そういうことだ。

陳破空　国内の強硬派である人民解放軍の羅援《らえん》[2]、張召忠《ちょうしょうちゅう》[3]らは、「日中、米中は必ず一戦を交えるべきで、中国は新型大国になるために現在の強権大国を倒さなければならない」と、しきりに鼓吹している。彼らの言動は、第2次大戦のドイツや日本軍国主義の強硬派のそれと極めて似ている。本当に中国が戦争を仕掛けたら、結果はナチスドイツ、軍国主義の日本と同じようになるだろう。共産ソ連とも同じだ。ナチスドイツ、軍国主義時代の日本、共産ソ連ができなかったことが、中国共産党にできるはずがない。

　中国共産党は今、自滅の道を選んでいる。２０１６年3月、習近平がアメリカを訪問し、核サミットに参加した。アメリカは習近平のメンツを保ち、南シナ海問題を収束する方法を見つけたかったのだが、しかし習近平は北朝鮮の核問題に対して譲歩しただけだった。北朝鮮問題で譲歩した理由は、アメリカが韓国で最新鋭の「ＴＨＡＡＤ《サード》ミサイル」（高高度防衛ミサイル）を設置する予定だったからだ。中国政府は、このミサイルを自分たちに向けられることを非常に恐れている。ゆえに、ＴＨＡＡＤミサイル設置の撤回を求めるべく、北朝鮮の核問題に対してアメリカに協力したのだ。

　しかし他のことでは一切の譲歩をせず、強硬なままだった。強硬姿勢を崩さなかった、というより崩せなかったのは、これもまた、この1年で習近平が第1章で見たような江派の反撃などさまざまな打撃を受けたうえ、国内の経済不振、外交での無策などが衆目にさ

2. 1950～。国防大学卒業。2006年に少将昇進。現在は退役し、中国戦略文化促進会の常務副会長在任中。父、羅青長は中国共産党調査部長などを歴任し、対台湾工作などを手掛けていた。太子党。

らされ、結果、強硬姿勢を取り続けざるをえなかったのが要因だ。これは一時的には習近平政権を救う効果はあるかもしれないが、中国を率いる共産党全体にとってはマイナスにしかならない。こうなると、国内外の問題とともにますます泥沼にはまり、遅かれ早かれ共産党政権自体の崩壊へとつながるのではないだろうか。

石平　ついに、話は佳境に入った。**中国共産党にとっては、残りふたつの道がある。ひとつは習近平に従い滅んでいく。もうひとつは、習近平を降ろして政策を改め、滅びの道から抜け出す。**この可能性はあるのか。もったいぶるわけはないが、それについては最後の最後にとっておこう。

3. 1952～。国防大学卒業。2015年、少将で退役。中国では軍事ネタのコラム、テレビ番組がかなりの人気。100％予測を外す“逆神”キャラとして確固たる地位を確立している。

第6章

反中北朝鮮、中露摩擦、日本核武装

～自ら招いた不安と不信の近隣外交～

自ら「両岸統一」の機を逸するという中国の愚

石平　ここまでのおさらいをしよう。まず第1章では、決して習近平体制は絶対ではなく、むしろ常に権力闘争とそれに伴う暗殺、クーデターの危険にさらされている事実を明らかにした。第2章では、愛人をめぐる偽書やパナマ文書問題など、習近平個人にかかわる弱点、汚点について語り尽くした。第3章では、行きすぎた反腐敗運動の副作用、つまり国、政府、党が分裂していくさまを克明に追った。第4章では、旧態依然のインフレ政策しか打てない習近平の経済政策によって、まさに砂上の楼閣と化し、共産党員ですら国外へと逃げ出す中国経済の危機的な状況を深く分析した。そして第5章で見たのは、南シナ海をはじめとする世界各地での対外政策の失敗で、隙間がないほどの包囲網に囲まれて孤立させられた中国の哀しい姿だ。

そこでこの章では未だ深く語られたことのない、まさに中国の喉元に匕首を突きつけた立場となっている、周辺国との関係の今と未来を見ていこう。ここを抑えないと中国共産党政府、習近平政権の結末は見えてこないからだ。

習近平の政策は、中華圏においてすら失敗の連続で、その結果、たとえば台湾では大変化が起きた。親中派である国民党の馬英九政権終了後、独立色の強い民進党の蔡英文が台湾総統に就任することは、習政権にとっては大きな打撃だ。この台湾の変化については、どう見ているのか。

陳破空　習近平政権は現在、国内外ともに問題が山積しており、困難に直面している。さらに、台湾と香港問題の処理に失敗を重ねたといえる。**実は、台湾と中国の統一、「両岸統一」は決して不可能ではなかった**。

台湾はこれまでの8年間、親中の国民党が政権与党だったため、中国が政治改革をして民主化にまで行き着けば、統一の可能性もあったのだ。しかし、**中国共産党はかえって一党独裁体制を強化し、腐敗にまみれ反人道的な政治を行ったため、統一のチャンスを失ったというのが正しい見方**ではないか。

なぜなら、中国が変わらなかった結果として、台湾の民意の圧倒的多数が親中政権に終止符を打ち、中国と一線を画す総統を誕生させることを選んだからだ。これで、中国共産党政権が続いている間に、「両岸統一」するという可能性は完全に消滅したといえる。これが大きな流れである。

蔡英文は、民主主義など今の台湾社会に根づいた文化を堅持していくだろう、強い親中派だった前任者の馬英九とは違って。私は馬英九をことあるごとに批判してきた。国際社会が中国に批判的な風潮のなか、台湾だけが中国に歩み寄ったからだ。しかし、馬英九政権の退場によって、対中包囲網の〝抜け穴〟が封じられた。蔡英文は選挙中から親米であることを強調しているように、国民党と民進党の路線の違いは、今後より明確になっていくだろう。

しかし、こうなると、中国側は台湾に対して妨害工作を繰り出してくるはずだ。たとえば、2013年、これまで国交のあった台湾との関係を一方的に断行して以降、中台双方と国交を結んでいなかったアフリカのガボンと、今年の3月、中国は国交を結んだ。また、第2章でも紹介したように、ケニアで逮捕された犯罪容疑者である台湾人を中国大陸へ強制移送させて台湾のメンツを潰すなど、「ひとつの中国」を示そうとあの手この手を使っている。

蔡英文政権は台湾の民意の代表だとはいえ、中国政府とさまざまな交渉を行わなければならない。中国政府はこれを逆手にとって、台湾側に「ひとつの中国」という理念のもと、プレッシャーを与え続けるだろう。しかし、私が言いたいのは、**中国共産党が独裁政治を続ける限り、「ひとつの中国」は、机上の空論でしかないということ**だ。

石平　台湾に対するそのようなさまざまな嫌がらせは、実際のところ小賢しく立ち回っているように見えて、その実、馬鹿げたことをしているだけだ。こういう、行動が増えれば増えるほど、台湾の人々はますます中国に対し反感を覚えるだけだろう。台湾では、いわゆる「本省人」[1]と「外省人」[2]の区別があるが、外省人にしても中国は認めるものの、中国共産党のことは嫌っている。一方、本省人は中国共産党に対して反感を抱くことはもちろん、中国そのものに対しても嫌悪感を覚える人も少なくない。

将来、台湾の若い世代は自分が中国人ではなく、台湾人だとより強く認識するようになるだろう。このように、**台湾はますます中国から遠ざかっていくので、中国がいうところの「平和的に統一する」ということは、実現不可能なスローガンにすぎなくなる。**もちろん、軍事行動によって統一を図るのであれば、国際社会、なかんずくアメリカとの戦いに直面することになる。

そして、その戦いに敗れた場合、中国共産党政権は壊滅の危機に陥るのは間違いない。したがって、中国は台湾に対して、一触即発の事態を招きかねない激しい妨害策をとるところまではいかないだろう。

実ははなから親中国家ではなかった北朝鮮

陳破空　まさに中国の〝周辺事態〟についていくつか補足したい。中国共産党は南シナ海

1. 1945年8月15日の終戦前より台湾に住んでいた人のこと。80年代半ばに民主化の動きが始まるまで、さまざまな不利益をこうむった。
2. 1945年8月15日の終戦以後、中国本土から移り住んできた人のこと。国民党の政治家を代表されるように、長らく権力中枢を独占した。

に次いで東シナ海、尖閣諸島の支配権を奪い取り、台湾を左右から包囲攻撃するつもりだ。たとえば、尖閣諸島は日本本土よりも台湾との距離のほうがより近いことから、尖閣諸島を占拠できれば、台湾攻撃のための絶好の橋頭堡を確保することになる。そしてそこに、現在、福建省に設置している弾道ミサイルを移動する腹づもりだ。しかし、アメリカが尖閣諸島に日米安保条約を適用すると明言したことにより、中国のこの計画は幻となってしまった。

もうひとつの問題は北朝鮮だ。中国は国連制裁委員会のメンバーであるにもかかわらず、長期にわたり決議内容を実行していない。しかも、中朝国境の貿易は以前と変わらぬ規模で行われており、大量の石油とエネルギー物資、甚だしきに至っては武器の部品まで北朝鮮へと流入している。

こうした現状に対して、アメリカはＴＨＡＡＤミサイルの韓国配備を打ち出した。**ＴＨＡＡＤミサイルの有効射程距離は非常に長いため、表向きは北朝鮮のミサイルへの対抗措置だが、実質的には中国軍の弾道ミサイルも迎撃できるようになっており、中国政府を強力に牽制できる。**

つまり、中国が台湾に照準を合わせている福建省に設置した１５００基の弾道ミサイルも、すべて射程範囲内に収まるのだ。だから、中国が弾道ミサイルをもって台湾を脅かしても、まったくの無駄になる。そこで中国側は、急遽方向転換して北朝鮮への制裁問題に協力的になり、中朝国境における商業用輸送禁止の国連制裁決議を検討することにしたのである。

ところが、北朝鮮は伝統的な親中政策という方針をすでに破棄していた。実際、北朝鮮は建国以来、親中政策と同時に対中防衛策も常に練っている。初代の金日成《キムイルソン》政権時代にも、中国共産党の影響が強かった延安派閥を粛清した。さらに、**2代目、金正日《キムジョンイル》は臨終の際、息子の金正恩《キムジョンウン》に対して、「中国は信用できない。中国共産党を信じてはいけない。警戒するように」と忠告していた**のだ。

中国に核ミサイルを打ち込むのも辞さない金正恩の決意

陳破空　2011年12月、金正恩政権が誕生すると、中朝関係は目に見えて悪化した。その要因はいくつかあるが、ひとつには、北京に逃げ、さらにマカオへと逃走した金正日の長男、金正男《キムジョンナム》の面倒を中国が見ていたということ。中国は彼を金正日の後継者として擁立するつもりだったのだ。そうと知れば、金正恩が中国側と対立するのも当然のことである。

さらに、金正恩は親中派の粛清に乗り出す。親中派のひとりが彼の叔父である張成沢《チャンソンテク》だ。

張成沢は金日成、正日親子に仕えた経験豊富な政治家で、実質的な政治権力は彼が握っていた。中国式の改革開放、経済改革を主張しており、実は中国側は金正恩を失脚させるため、張成沢の後ろ盾として密かに支えていたのだ。つまり中国は、彼を「北朝鮮の鄧小平」に仕立て上げたかったのである。

しかし、親中派粛清の一環として2013年12月、張成沢は「国家転覆陰謀行為」の罪で逮捕。死刑判決が下されると、即日処刑されてしまった。一説によると、高射砲で撃ち抜かれて死んだとまでいわれている。

この一件は、まさに習近平政権への強烈な平手打ちだ。さらに2015年12月、北朝鮮の女性ポップグループ「モランボン楽団」の中国公演が開場わずか数時間前に突如、中止となった。金正恩を賞賛する公演内容に中国側が難色を示したことが中止の理由などとされているが、要はミサイル、核実験問題などをめぐり中朝間の意見が決裂したことが、その原因である。

THAADミサイルの韓国配備を懸念した中国が、アメリカに歩み寄り、北朝鮮の核問題について譲歩したことで、さらに金正恩政権を激怒させた。金正恩は少し前に行われた内部会議上で、**「我が国に制裁を加えるというならば、中国にも臆せず核を打ち込み壊滅させる」と明言した**ほどだった。**実際、北朝鮮の核兵器は中国を標的にしている**といわれており、放射性廃棄物、核製造工場、核原料物質の貯蔵などはすべて中朝国境に置かれている。アメリカが北朝鮮の核を廃絶することとなったら、必ず中国領内にもその手が及ぶであろうことから、**北朝鮮は自らを守るために中国を盾にしている**ことを中国側もわかっているのだ。

また、北朝鮮の核実験は常に中国の東北地方近くの核実験場で行われる。その都度、震度4〜5の強い地震が起き、東北地方の延吉地区の住民は緊急避難を強いられる。放射性物質に汚染されるのは、まず中国東北地方となるのだ。このように、北朝鮮の核兵器は、南シナ海や日本、アメリカを狙っているのではなく、本当の標的は中国なのである。

中国の歴史において、小国に負けて滅亡した時代は2度あった。13世紀、人口１００万人のモンゴルは、人口1億人の中国、当時の宋朝を滅亡させた。また、同じく人口１００万人の満州人が東北から侵入し、人口1億人の中国、当時の明朝を滅亡させた。だからこそ、**核兵器を所有しており、たかだか人口２３００万人の北朝鮮が中国を滅亡させる可能性があることも否定できない**のだ。

もちろん、中国全体を支配することはないにしても、ピンポイントで中国共産党政府を消滅させることは十分ありえる。なぜなら、北朝鮮が北京、中南海に照準を合わせて、核ミサイルを打ち込めば中国共産党政府は簡単に滅亡するからだ。中国国民は共産党政権を打ち倒すことはなかなか難しい。アメリカも実際手を出すことはない。しかし、もしかしたら、**北朝鮮によって中国共産党が滅亡に追い込まれる可能性は大いにありえる**のだ。このように、中朝の不仲は、中国のこの先の外交環境をさらに厳しいものにする危険な要素といえるのである。

いともたやすくハシゴを外された朴槿恵の誤算

石平　北朝鮮がひとたび核兵器を用いると言えば、習近平は中朝問題において完全にお手上げとなる。北朝鮮におもねると、自分たちがやりたい方向――中国にとって間違いなく不利益になる方向――へ突き進むだろうし、反対に厳しい態度で臨めば、瀬戸際外交、つまり「窮鼠猫を噛む」よろしく、命懸けの反撃に出るだろう。だから今中国は、北朝鮮政策において手詰まり状態に置かれているといえる。たとえば、**表向きは制裁するといっているが、今年第1四半期の中朝貿易額は減るどころかむしろ増加**した。つまり、習近平こそ、まさに綱渡りの外交政策をとるしかないのである。

一方、北朝鮮と関係が悪化していくなか、韓国との関係も微妙なものとなっている。韓国の朴槿恵《パククネ》大統領は歴史認識問題で日本ともめていたが、本来の韓国の外交政策は、日米中３国との関係においてバランスをとることを最も重視していた。ところが、日本との関係が悪くなると中国に近づく傾向があるので、習近平はこれを利用して朴政権と親密な関係を作り上げたのだ。

実際、**一時はアジアにおける中国の盟友は、北朝鮮でもパキスタンでもなく韓国であるというような印象を植えつけたが、それはそう見えただけ**のこと。実際にはそれほど仲が良いわけではなく、韓国は朝鮮半島に重大な危機が訪れたら、中国の助けも得なければならないという、極めて功利的な考えに基づいて、近づいただけのことなのだ。

事実、今年に入って、北朝鮮が核実験、遠距離ミサイル実験を行った際、朴槿恵は習近平にホットラインで助けを求めた。ところが習近平は、韓国に肩入れしすぎて北朝鮮の反感を買うことを嫌い、韓国の求めには応じなかった。

習近平政権に深く失望した朴槿恵は、結局アメリカに助けを求め、ＴＨＡＡＤミサイル配備話が持ち上がったのである。実際、配備が決定された今、中国は韓国との対立も余儀なくされることとなったわけだ。

一方、韓国は中国と関係が悪化したので、これまでの反日姿勢を改め再び日本に近づき、昨年末に安倍政権といわゆる慰安婦問題で合意したように、日本との関係は良くなり始めている。**つまり日韓関係の改善は、中国にとってのひとつの外交政策の失敗といえる**のだ。

しかも、アメリカが中国の裏庭の韓国と結束を強めたのに対抗し、習近平はアメリカの裏庭、キューバに足を伸ばし、関係を強化しようとした。ところが、その矢先、キューバはアメリカとの関係改善に乗り出してしまった。

陳破空　石さんの言う通りだ。朴槿恵について言うならば、彼女は中国共産党政権について何もわかっておらず、認識が甘すぎる。北朝鮮も中国も同様に共産党政権は信義を守らない特徴があるにもかかわらず、朴槿恵は中国との関係が良くなれば、そもそも盟友国のアメリカとも力を合わせて、北朝鮮問題を簡単に解決できると思い込んでいた。ところが、中国共産党は肝心な部分になればなるほど、自分たちの利益を考えばかりで当てにならないのだ。

朴槿恵が犯した愚かしいミスが、第3章でも紹介したように、昨年9月3日に北京で行われた習近平の軍事パレードに参加したことである。当時、民主国からは韓国とチェコの2カ国しか参加しなかった。

ところが、朴槿恵は天安門広場の閲兵式に参加して習近平のメンツを立たせてあげれば、なんらかの見返りがもらえると考えていたが、北朝鮮が核実験をして核兵器製造に乗り出したにもかかわらず、中国はホットラインにすら出なかったのだ。朴槿恵は中国共産党政権の性質をまったく理解していなかったので、結果として利用されただけに終わった。もっとも中国も一時は親中派だった韓国を遠ざけ、北朝鮮からはいよいよ敵視されるはめになったわけで、結局、朝鮮半島問題の扱いを誤ったことにより、外交上の困難がさらに増えてしまったわけである。

壮大なる無駄に終わった南米への投資

陳破空　さて、キューバについてだが、そもそも中国と南米諸国は良い関係にあり、キューバやベネズエラなどの左翼ナショナリズムの国を通じて、アメリカの裏庭の奥深いところまで手を伸ばしている。ベネズエラの反米チャベス政権に資金提供したり、キューバとの盟友関係を強化したり、さらには、南米諸国に多額の投資を行ったりしたのだ。

ところが今、南米では少なくとも3つの大きな変化が起きている。ひとつ目は、ベネズエラ情勢だ。2013年、チャベス前大統領が亡くなり、同じ与党のマドゥロ大統領がその後を引き継いだが、昨年の国会議員選挙で与党が大敗し、野党が圧倒的な勝利を収めた。しかも、**ベネズエラは中国から2007年より510億ドルもの融資を受けていたが、原油価格の急落で財政状況が悪化。野党も中国とのすべての契約の再審査を求めており、この510億ドルという借金がすべて焦げつく恐れもある。**こうなると、今やロシアに次ぐ

2番手となった対ベネズエラ武器輸出などを含めて、その外交関係を全面的に見直さざるを得なくなるだろう。

キューバに関しては、ご存じのようにアメリカと長らく敵対してきた社会主義国だが、2016年3月、ついにオバマ大統領のキューバ訪問が実現したことにより、歴史的な和解を達成した。この記念碑的な出来事は同時に、中国共産党が中南米での最後の左翼政権の拠点を失ったことを意味する。

キューバは、もはや中国共産党の言いなりにはならない。2008年に胡錦濤がキューバを訪問したことを思い出すが、当時、**胡錦濤が6億ドルの援助を行うことを提案したところ、カストロ前首相が興奮のあまり「中国万歳！」と叫び、車椅子から転げ落ちそうになった。**しかし、もはやこの盟友関係もそろそろ終わりとなろう。これがふたつ目の変化である。

3つ目の変化は、南米諸国全体との関係だ。昨年、『人民日報』に、中国にとって「全天候型の友好国」（外的環境に左右されない友好国のこと）はどれだけあるのかということを誇る記事が載っていたが、全部でたった14カ国しかなかった。アフリカの8国とヨーロッパの3国、アジアのパキスタンとイエメン、そして南米のブラジルだ。かつて南米に多くあった親中派の左翼政権は、右派政権に変わったアルゼンチンをはじめ、今ではほとんど消えてしまった。

記事にもあるように、**ブラジルは中国共産党最大の親友**ともいえるが、ルラ前大統領が汚職問題で警察の拘束を受け、親中派のルセフ現大統領も国会の弾劾を受け、180日の停職処分が下されている。ゆえに、今やブラジルの変化を報じるニュースのヘッドラインには、「習近平が頭を痛める」「中国の陥落」といった文字ばかりが踊る始末だ。

中国はブラジルを最後の砦と見なしていたので、これで南米での根拠地をすべて失ったといっても過言ではない。当初、中国はアメリカを側面から包囲しようと考えていたが、アメリカは南米という自分の裏庭を守り抜いたのだ。中国は南米で大金をはたいて投資を行ったが、結局、多くの不満を買っただけに終わってしまった。

習近平・プーチン関係と中露関係の大きな違い

石平　今後、習近平政権が外交政策をどのように展開していくのかが注目されるが、現在、習近平にとって一番有力なパートナーはロシアのプーチン大統領かもしれない。ある意味では、プーチン大統領のような確固たるリーダーになろうと思っているのではないだろうか。国内的には完全に国を支配し、国際関係ではアメリカとも対抗できるような立場を確立することを望んでいるのだろう。

昨年の北京での軍事パレードでは、プーチン大統領は習近平の隣に立った。だが私は、**ロシアのプーチン大統領は中国に対して、北朝鮮と同じく警戒心を持っている**ように思える。その源は、いわゆる人種差別的な**「黄禍」**なのかもしれないし、あるいは、人口的な脅威、軍事戦略上での脅威なのかもしれない。いずれにせよ、中露関係も今後重要なファクターになると思うが。

陳破空　その通り。習近平とプーチン大統領は似たような要素があるのは確かだ。たとえば、ロシア国内ではプーチン大統領に対する個人崇拝が元々強く、「嫁ぐならプーチンのような人のところへ」という歌まである。これは、第1章で紹介した「嫁ぐなら習大大のような人のところへ」のオリジナルだ。

しかし、**習近平がプーチン氏を見習うというよりも、むしろプーチン氏が習近平を見習おうとしている**のではないか。たとえば、ロシアは中国のようにインターネット検閲を行おうと考えている。また、プーチン氏の終身政権も視野に入れているようだ。

だが、国と国との関係がいいかといえば、必ずしもそうとは言えない。中露関係には大きくいって3つの問題がある。諸外国との関係を見ると、インド、ベトナムは、従来からロシアと非常に密接な関係を持つ盟友国だ。実はロシアは、この盟友2カ国を中国に対する一種のバランサーと考えている。

たとえばロシアが中国に武器を売る際、同時にインドとベトナムにも武器を売却するが、この内容が面白い。インドやベトナムには、中国に売却した武器に対抗できる、もっと言ってしまえば無力化できるような武器を輸出するのだ。そして、中国とインド、ベトナムの間に衝突が起きた際には、ロシアは中国ではなく、インドとベトナムにつく。これが、ひとつ目の問題だ。

ふたつ目の問題は、中露関係の国境に関係してくる。**両国の国境線は長さ4300キロメートルと世界最長で、ここで一番問題が起きやすい**のだ。とりわけシベリアが火種となりうる。

現在、人口の少ないシベリアの地にいる中国人の数は何と100万人。この現状を見て、中国人がシベリアを占領したという見方をするロシア人もいるほどだ。そもそも、シベリアをめぐって中露は昔からしのぎ合っていた。元々は中国の清朝に属していたが、後に150万平方キロメートルに達する広大な土地をロシアが強引に占領した。これは今に至るまで歴史的論争が続いている問題である。ゆえに、経済発展とともにシベリアにおける中国人人口が増加していくと、その流れでシベリアを奪還しようとするのでは、という恐れをロシア人は抱くのだ。

ではロシア側は何をしたのかというと、2016年3月から4月にかけて、ワシントンで核安全保障サミットが開かれた際、ロシア東部で大規模な軍事演習を行った。サミットのテーマのひとつが北朝鮮の核開発阻止であったこともあり、北朝鮮の危機に対応する演習のように見えたが、内実は対中軍事演習だったとされている。

実は、2016年に入り、立て続けに核実験、ミサイル発射と北朝鮮の核危機が起きた時、中国と韓国は焦り、アメリカと日本は不安に思うなか、ただひとりロシアだけは、何の心配もしていなかった。なぜなら、先ほども説明したように金正恩と習近平が不仲になる反面、ロシアと金正恩の関係はますます良好になっている。そして、今や**何か事を起こす際、金正恩は中国には知らせず、ロシアにだけ知らせる**ようにしているのだ。事実、北朝鮮が4回目の核実験を行った際、中国には知らせず、ロシアだけに知らせた。

この状況から見ると、ロシアが金正恩の最後の後ろ盾になるかもしれない。北朝鮮に何かあった際にはロシアが介入する可能性もあるし、ひいては金正恩政権、または新しい親露政権を支えるかもしれないだろう。そうなると、ますます困るのは中国だ。これが3つ目の問題だ。

ロシアが必要な中国、中国と離れたいロシア

陳破空　こうした、北朝鮮を含めた東アジアの国際情勢から分析してみると、中露関係は表面的には悪くはないが、実際にはそれほど良くないことが見えてくるだろう。2009年、中国の貨物船がロシアの港に停泊していた際、ロシアの国境警備隊が検査しようとしたところ、この貨物船は検査を受けずに逃げ出した。ロシア側はその貨物船に500発以上も砲撃。船内にいた8人の中国人は死亡し、ひとりが行方不明となった。ところが、中国当局はロシア側に対し口頭で厳重に注意しただけでなんら行動を起こさなかった。もし、アメリカや日本がそのようなことをしたら絶対に許さず、最悪の場合、なんらかの実力行使に訴えたに違いない。

この理由は、**実は中国共産党はロシアをとても恐れているから**だ。アメリカは民主国家で、物理的にも遠く離れており、むやみなことは強制しないので、それほど恐れてはいない。しかし、ロシアは違う。**ロシアは理不尽で道理などは通じない国で、歴史的にも中国に対する脅威が一番大きい**のだ。

19～20世紀にかけて、ロシアは中国の領土を略奪し、支配下に置いた東北地方で悪政を

しいた。さらに、ロシアは中国にマルクス主義を染み込ませた〝諸悪の根源〟でもある。さらに、膨大な核兵器を有しており領土も広大だ。

無論、中露が衝突すれば、中国共産党は間違いなく敗れ去り、全面的に崩壊する。だから、2009年の貨物船砲撃事件の際も、共産党は中国国民にその事件を知らせず、ぺこぺこしながら、ロシアに交渉を求めたのだ。一方で、中国のインターネットにロシアに対する誹謗中傷が書かれるとすぐに消されてしまう。

このような状況だから、**多くの人は中国とロシアが盟友を結ぶことを心配しているが、そんな心配はまったく不要だ。その可能性はゼロだから**である。地政学的に見ても、歴史的な怨恨関係から見ても、現実的な利益の面から見ても、彼らの互いにいがみ合う本性から見ても、それは不可能なのだ。だから、この両国は自国の運命を決めるような重要な事項に際しては、それぞれ自分の道を行くことになる。

今年の6月9日未明、1隻の中国の軍艦が尖閣諸島の海域に現れた。その数時間前に3隻のロシアの軍艦も近くの海域を航行していたので、中国のメディアはすかさず「中ロ連合艦隊が釣魚島（尖閣諸島）海域を巡航」と報道した。しかしロシア政府は直ちに緊急声明を発表し、純粋に誤解であり、ただの偶然であることを強調。ロシア軍艦の行動と中国軍艦の行動は何の関係もないと表明したのだ。

　また、声明の中で、ロシア側はわざと日本の呼び方「尖閣諸島」を使い、中国の呼び方である「釣魚島」を使わなかった。この出来事でふたつのことがわかる。**ひとつは、中国はロシアという同盟国を必要としている。もうひとつは、ロシアは中国と同盟を結ぶ気などなく、中国とともに日本を敵視することもないということ。**このように、中国とロシアはいつまでたっても平行線である。

石平　今、話に出てきたシベリアでの中国人の増加、これがプーチン氏にとってとりわけ頭の痛い問題だ。だから彼は中国がシベリアをコントロールする前に、先行してシベリアを開発する必要がある。開発のためには、必ず外国の資本と技術を借りなければならない。したがって、現在プーチンの対日基本戦略のひとつが北方領土問題の取り扱いとなる。当然のことながら、日本側はこの問題を解決する意志が強く、ロシアとの関係を改善したいと考えている。そのため、ある種の連携関係ができ上がるかもしれない。もし、日本とロシアの結びつきが強くなれば、両国ともに、中国を強く牽制することもできるからだ。

陳破空　日中間で尖閣諸島の領有権を巡る論争が激しくなった際、中国はロシアの後押しが欲しかったのだが、ロシアはこの問題に対して中立の立場を明確にしている。つまり、ロシアは中国共産党とは一切無関係だと意思表示をしたのだ。

石平　また、プーチン大統領は日本の安倍首相とこれまで何度も会談しており、どうやら両氏は比較的話が合うようである。そして、この5月にもまた首脳会談が行われた。ロシアと日本双方が100%納得できる条件で領土問題を解決することは難しい。しかし、解決の方向に向けて、日本は恐らく精一杯ロシアと協力していくはずだ。こうなると中国はさらに孤立させられることになる。

中国を追い詰めるトランプ氏の日韓核武装発言

石平　ここまで見てきたように、中露関係は改善の兆しは見えず、米中関係も似たり寄ったりだ。2016年11月にアメリカ大統領選挙があるが、その結果が中国にどのような影響を及ぼすのか待たなければならない。誰が大統領になるか、私は見当がつかない。民主党のヒラリー・クリントン氏か、共和党のドナルド・トランプ氏か、はたまたサプライズの第三者か。ただ、誰が大統領になっても、中国に対しては強硬姿勢で向かっていくことは間違いないだろう。アメリカ在住の陳さんの意見を聞きたい。

陳破空　今年のアメリカ大統領選はアメリカの歴史上、最も激烈な選挙といえる。争点のひとつは無論、中国問題で、民主党候補者も共和党候補者も皆、中国を非難している。投機が生み出すバブル経済、違法コピー、保護貿易、軍事的な対外進出、一党独裁体制、そして腐敗等々、おなじみの問題だ。

だから石さんが言ったように、**誰が大統領になっても、中国政府に対し強硬的な姿勢がとられることは必然**である。なかでも、一番中国に対して厳正な態度で臨むと思われるのが、共和党大統領候補のドナルド・トランプ氏だ。彼の発言は世界中で報じられているが、実は、**アジアにとって重要なのは、日本と韓国への核武装の勧め**だ。つまり、アメリカは日本に、これ以上「核の傘」を提供するつもりはないということ。面白いのは、この言葉に対して中国共産党も北朝鮮も何の発言もしなかったことだ。

実は、トランプ氏のこの発言が現実のものとなったら、中国共産党政府は非常に不利な立場に置かれる。なぜかと言えば、日本と韓国が核兵器を所有せず、アメリカの核の傘の下にいる限り、中国共産党はアメリカとだけ交渉、あるいは対立するだけで済む。しかし、**日韓が核武装したら、中国の外交・軍事力は多方面に削がれることになる**からだ。

中国は現在、周辺に核兵器保有国が一番多く存在する国である。ロシアの周辺には中国と北朝鮮だけ。アメリカの場合、周辺に核兵器保有国は存在しない。しかし中国の隣にはロシア、パキスタン、インド、北朝鮮など核兵器保有国が集まってきているのだ。

ただし、それは自業自得ともいえる。胡錦濤時代、中国発の核兵器開発の技術は、まずパキスタンへと伝わった。中国、パキスタン共通の敵であるインドを軍事的に牽制するためである。続いて、パキスタンから北朝鮮に、北朝鮮からイランへと拡散していった。つまり、**核の拡散は北京から始まった**といえるのだ。

その北京が今、核に囲まれている。もし日本と韓国が核保有国になると、中国とその周辺の核保有国は7カ国に増える。つまり、中国周辺が世界で一番核兵器が集中する危険地帯と化すのだ。当然偶発的な核戦争の可能性も増すわけで、この状態を中国共産党も非常に恐れているのである。

日本が核武装すると一体何が変わるのか?

陳破空　数年前、日本の旧民主党(現民進党)代表だった小沢一郎氏が「日本の科学技術と創造力をもってすれば、一晩のうちに1000発の核爆弾を生産することができる」と話したことがあるように、日本にはすでに核開発能力がそなわっている。ただ日本は平和主義国家だから、現状では製造しないというだけのこと。ドナルド・トランプ氏が大統領に当選し、自身のこの公約を実現するとなると、韓国も核武装し北朝鮮に対抗することになる。さらに、日本もこれを機に核兵器を開発・配備するとなると、中国共産党は日本に対して今までのように、圧力をかけることができなくなる。

だから、**ドナルド・トランプ氏の発言は表面的には日本と韓国に厳しいように聞こえるが、実際には中国共産党政権にとって厳しいものなのだ。逆にいうと、これまで、アメリカによるアジア太平洋地域の安全保障の恩恵にあずかってきたのは日韓だけではない。中国も非常に大きな利益を享受していた**のだ。

石平　私は日本に住んでいるが、正直な話、日本の核武装には賛成である。日本国内ではごくごく少数派のひとりだ。日本には平和主義者が多く、核武装について賛成する人などほとんどいない。しかし私は賛成である。理由は簡単で、**核兵器を保有すれば、他国から攻撃されないからだ。いずれの国も、日本を挑発することができなくなる。どこからも挑発されず、攻撃もされないとなれば、自分の安全を守ることなど簡単だ。**この意味で、私はドナルド・トランプ氏の話をとても歓迎している。

もちろん、日本が核武装を実現することは大変難しいと思う。日本は70年もの間、平和憲法の束縛を受けてきた。しかし、今こそ日本人の決断が重要だ。安倍政権が誕生して以来、日本は大きく変わってきているが、核武装については日本の運命を左右する話だ。習近平が中国の国家主席の座に就いたのは、２０１２年11月のこと。その翌月、安倍晋三氏が２度目の首相に就任した。第１次安倍政権の時は1年ぐらいで辞任に追い込まれたが、今回は就任3年半以上が経過し、なお高い支持率を保持している。

では、安倍政権でどんな政策が遂行されているかというと、日米同盟関係を強化しながら、政治、経済、軍事など各方面で中国を包囲していくことである。平和安全法制の成立はその大きな一歩だ。これにより、日本の領域外で——たとえばまさに南シナ海で——自衛隊は米軍と協力して中国と戦うことが可能になるかもしれないのだ。この点に関して、私は大賛成である。

また現在、経済面での安倍政権の基本政策は、中国が主導するアジアインフラ投資銀行（AIIB）[3]には参加せず、——TPP反対のトランプ大統領誕生という不確定要素はあるものの——アメリカと一緒にTPPの構築を推進していくことである。この流れから将来の日中関係を展望してみると、政治的にも経済的にも、そして安全保障的にも、日本と中国は将来、今までよりさらに異なる道を歩むことになるだろう。

中国のひとり相撲で冷戦時代に逆戻りする日中関係

陳破空　日中関係が、まるで冷戦時代に逆戻りしたかのような敵対関係になっている責任は、ひとえに北京にあり、日本の責任ではない。思い出してほしい。**第1次安倍政権が発足した2006年、彼が真っ先に訪問した国は、他でもない中国だった**のだ。安倍首相は

3. 中華人民共和国が提唱し主導する形で、2015年12月に発足したアジア向けの国際開発金融機関。創設メンバーは57カ国。資本金の目標は1000億ドルで、現在その約半分が集まっているとされる。

当初、日中関係を優先しながら、お互いに経済発展していく道を選ぶのではないかと私は思った。首相就任後、最初に訪問する国はアメリカというのがお決まりだ。それにもかかわらず、最初に中国を選択した意味は大きい。

ところが、中国は強硬な態度をとり、安倍首相は完全に失意した。さらに、旧民主党政権時代、日本はアメリカからアジア、つまりは中国へのシフトを図ろうとした。だが結果的に中国共産党政権は保守的で進取の精神もなく、まったく周辺諸国の変化に無関心なうえ、胡錦濤政権自体、江沢民派閥の圧力を受けていたため、新しい一歩を踏み出せなかったのだ。**胡錦濤は日本との新たな関係を構築するせっかくの機会を、みすみす逃してしまった**といえよう。

その後、旧民主党野田政権は尖閣諸島の国有化に踏み切り、日中関係は完全に悪化した。しかも経済政策も失敗し、外交問題にもうまく対処できなかったため、選挙で大敗。再び、自民党政権になってからは伝統的な日米関係重視路線に回帰し、中国とは対立姿勢を明らかにした。

ここで言いたいのは、日本の政治、政策の中身は置いておいて、**中国共産党が日中関係を変えるチャンスを生かせなかったということ**だ。つまり、あまりに中国共産党政府は弾力性に欠けるということ。彼らが「不変をもって万変に応ずる」という姿勢でしか、世界に対応できないのが問題なのだ。

日中関係は一気に悪化したのではない。問題が起きるごとに誤った対応をし、まさに囲碁の一局のように一手一手の間違いが積み重なり、今の状況に至ってしまったのだ。**日中関係が窮地に陥った責任は常にすべて北京にある。**習近平も日中関係を改善したかったが、前にも説明したように、権力闘争の一環として周永康らが暴力的な反日デモを主導し、日中関係に大きな水を差したのである。

常に国内の顔色しかうかがえない習近平の限界

陳破空　また、2013年、北京で開かれたAPEC首脳会議で、安倍首相に対する習近平の態度を覚えている人も多いだろう。日中首脳会談において、通常なら微笑みながら握手をして話し合いを終えるべきところ、仏頂面で、握手もするのかしないのかはっきりとさせない。しかも、安倍首相と視線すら合わせようとしなかった。しかし実は彼は、中国国内の左派、民族主義者に向かい、外国に対する自分の強硬な姿勢を見せたかっただけなのだ。

一方で、彼が大きな間違いを犯したことも指摘しなければならない。尖閣諸島の問題について、中国国民は共産党の宣伝により、悪者である日本が国有化したのだから、当然間違ったことだと思っている。しかし逆に、日本国民は中国政府こそ間違ったことをしているることを知っている。尖閣諸島は日本の固有の領土で、しかも日本が実効支配しているのにもかかわらず、突然中国が難グセをつけて、武力で奪う姿勢すら示していることこそが大問題だということを。そうした事情を習近平は相手の立場に立って考えればよかったのだが、彼は中国国内の一部の強硬民族主義者におもねってしまった。これで日本政府、そして国民に非常に悪辣な印象を与えてしまったのだ。

石平　その観点はまったくその通りだ。

陳破空　だから**日中関係が改善できないのは、習近平の個性とも大きな関係がある**のだ。

石平　実際、習近平と安倍首相がＡＰＥＣ首脳会議で会った当時、私は日本のテレビ局に立て続けに出演した。習近平のおかげといえばおかげだが、どの番組でも同じ質問をされた。すなわち、「なぜ習近平は日本の首相に対してこんなにも無礼な態度をとらなければならないのか」と。日本人の目から見ると基本マナーもできていない人物に映ったのだ。

陳破空　荒っぽくて無礼な態度だった

石平　日本人からすると、国同士の関係がどんなに悪かろうが、首脳同士が会うからには、お互い基本マナーを守るべきだとなる。しかも、習近平の表情や態度の他に、もうひとつ日本人に対する非礼があった。

北京のＡＰＥＣ首脳会議のホストは当たり前だが習近平だ。彼はホストとして、どの国の首脳とも会ったが、その際、習近平は各国の首脳を立って待ち受け、各国の首脳が歩いてくると握手をするようにしていた。ところが、唯一、安倍首相と会う時だけ、お客様の安倍首相を立ったまま待たせたのだ。わざと安倍首相を待たせてから数分後、習近平がゆっくり安倍首相の元へと向かったのである。

こんな行動が一体外交上、何の意味があるというのだろうか。言わずもがなだが、まったく何の意味もない。逆に日本国民を非常に憤慨させるだけだ。当時、日本国内の朝野から日中関係改善の圧力があり、安倍首相は何が何でも中国との関係を良くしなければならないという任務があった。にもかかわらず、習近平は愚かな態度を示すだけで終わったのだ。当然、その愚行後、日本で日中関係改善の圧力は消えてしまった。「中国と関係を良くしてほしい」などとは、口にできなくなったのだ。むしろ、日中友好に反対している人たちを勢いづけてしまった。たとえば私のような。

陳破空　ただ、先ほども触れたワシントンでの核安全保障サミットで、安倍首相はその教訓を遺憾なく生かした。習近平と安倍首相が会場に現れた際、ふたりは握手もしなかったし、目も合わせず、挨拶もしなかったのだ。あなたがそんなに無礼なのであれば、こちらもと、もはや相手に気遣うことなどしなかった。この件からもわかるように、習近平政権、安倍政権が続く限り、日中関係が改善する道筋は見えない。

さらに中国共産党は、今年の4月に熊本大地震が起こった際にも、呆れた政治工作を行っていた。**地震発生後、各国首脳は安倍首相にお見舞いの電報を送った。ところが、習近平は安倍首相には電報を出さず、わざと天皇に出した**のだ。

無論、天皇は日本の象徴であり、政治とは無関係の人物だと知ってのこと。では、中国共産党の狙いは何なのか。**この政治工作の目的は、ひとつは日本に対してお見舞いをしたという体裁を整えること。そして、もうひとつは、日本の安倍政権に対する敵視、軽視を強く表明することだった**のだ。とはいえ、こんな政治工作は何の意味も持たない。それでも、中国共産党はこうしたことを行うことで、国内の民族主義者へアピールができたと勘違いしている。

石平　正直な話、習近平が日本に対して非礼な態度をとればとるほど、日本政府、国民も含めて各界の反感を引き起こすだけだ。すると、反中感情がいつしか日本の主流となる。冗談ではなく真面目な話、習近平が強硬な態度をとればとるほど、私のような立場の言論人にとって、より活躍する場が生まれる。私が日本で活躍の場があるのは習近平が開拓してくれたお陰だ。いや、もちろんこれこそ冗談だが……。繰り返すが、私は強く日中友好に反対する。しかし中国側の態度を何と説明したらよいのか。

私が思うに、陳さんが言ったように、**習近平と中国共産党の対日政策は、まさに一手一手がザル碁のようなひどい内容**だ。しかも、自分で打った手を最後に自分ですらまとめられなくなっている。

今の状況を簡単に総括すると、南シナ海問題で中国は確実に包囲圏に絡め取られ、自ら抜け出すことができない。周辺国との関係は、北朝鮮とは対立し、韓国とは疎遠になり、ロシアとは同床異夢、日本とはもう関係修復は不可能だ。アメリカとは相変わらず戦略上の対立関係で、最後に南米に開拓した地域も1国、また1国と失っていきつつある。習近平政権は内政、外交すべての面で負けており、まさに四面楚歌。

ただ、逆に事ここに至ってしまうと、私はもはや習近平ひとりだけの問題ではないと思っている。中国共産党政権は政治、経済、外交などあらゆる分野で苦境に面している。さて、この先は一体どうなるのか。いよいよ最後にして最も重要な課題に移りたい。

第7章

政変、空中分解、寿命70年
～2017年に待つ哀しい結末～

しぶとい胡錦濤によるポスト習近平布陣

石平　我々は、ここまで習近平政権誕生以来、中国の内政、経済、外交がどう変わり、そして一体それのどこが問題なのか、ということを分析してきた。同時に中国共産党内の分裂・対立と、その原因となる激しい権力闘争の内実も明らかにしてきた。そこで、最後にそうしたことを踏まえたうえで、中国は一体どの方向へ進み、そして、どんな国になるのか。この点について、深く掘り下げていきたい。

まず、政治日程を見てみると、来年２０１７年の秋に中国共産党第19回全国人民代表大会（19大）が開催される。この19大が中国政治の未来を占う、ひとつのターニングポイントになるだろう。具体的には、**胡錦濤率いる共青団派と習近平の最後の決戦の場**になると思われる。胡錦濤は自身が政権を率いていた10年の間、江沢民派の妨害を受けて何ら力を発揮することはできなかったのは説明してきた通りだ。だが、ひとつだけ成し遂げたことがある。それは、力のある派閥構成員を多数育て上げたことだ。

さらに、退任する前にそうした面々を要職に就けることに成功した。とりわけ、２０１２年、習近平総書記が誕生した18大に際して、中央政治局に自分の派閥から多くの人を送り込むことに成功したのだ。特に50～60歳代の人材である。たとえば第1章で紹介した、胡春華、孫政才、汪洋などだ。常務委員会の人事争奪戦では李克強ひとりだけと大失敗したが、政治局への大量進出は、ポスト習近平時代における大きな権力基盤となる。

また胡錦濤はもうひとつ重要な人事配置を行った。第3章でも紹介した房輝峰の参謀総長抜擢など軍の重要なポストの人事だ。本来、次の世代の軍事委員会人事は次の世代の総書記に任せることが習わしであるにもかかわらず、自らが人事権を行使したのである。私が見るに、これは今後の団派基盤作り以外の何ものでもない。無論、総書記が退任する直前に行う行動としては、正常なルールから極めて外れている。習近平もこれには非常に不満を抱いただろう。

本来、胡錦濤は李克強を自分の後継者にしたかったのだが、李克強ではなく習近平が後を継いだ。しかし胡錦濤はここで一計を案じ、習近平政権に自分の派閥から多くの人材が入るようにしたのだ。

つまり、問題はここに始まる。ひとつは来年２０１７年の19大が胡錦濤の構想通りに進められるかどうかだ。もうひとつは、先ほど挙げたような50代の団派が順調に政治局常務委員になれるかどうかということと、彼が差配した軍関係の人事が次の党大会以後も継続できるかどうかということだ。これらが団派の政権戦略が成功するか否かのキーポイントとなる。ただし、**これは習近平も同じこと。もし彼が19大で、自分の思い通りに意中の人を抜擢でき、常務委員会と政治局にねじ込めなければ、たとえ2期目のスタートをどうにか切れたとしても、彼の政権は、はなから事実上死に体になる**ことを意味する。陳さんの考えはどうか。

誰が次の出世争いをリードしているのか？

陳破空　来年の19大ではふたつの大きな出来事が起きる。まず、ひとつ目が中国の最高権力機関である常務委員会の委員が大幅に交代することだ。ふたつ目は、鄧小平以降に規定されたルールによって、習近平の後継ぎ候補が誕生するということ。誰が適役なのかは、常務委員会に入れて観察することになる。

常務委員7人のメンバーは68歳が定年で、留任できるのは67歳以下だけだ。この規定によると、現職7人のうち習近平と李克強のふたりしか留任できない。残りの5人は全員交代となる。太子党、江派、団派、各々後任候補がいるが、人数的には団派が優位に立っており、たとえば現在副総理を務める政治局委員の汪洋と国家副主席の李源潮は[1]、常務委員になる可能性が高い。前回18大の時は、李鵬と江沢民が手を組んで彼らが常務委に入るの

1. 1950～。中央党校法学博士。前中国共産党中央組織部部長、江蘇省党委員会書記。現中華人民副主席在任中。団派。

を止めたが、今回は入れるのではないだろうか。

江派もふたり。上海市委員会書記の韓正と政治局委員の王滬寧《おうこねい》[2]である。もしこの両者とともに入ることができるなら、常務委員会での江派はふたりとなる。残りのひとりは習近平が選ぶ可能性があり、その候補となるのは中央弁公庁の栗戦書だ。これで汪洋、李源潮、韓正、王滬寧、栗戦書の5人となる。この5人が19大で激しい競争を展開するわけだ。3つの派閥のなかでは、かつては江派が一番大きかったが、習近平と王岐山の反腐敗キャンペーンとトラ叩きで勢力がかなり弱体化させられてしまった。

先述のように人数的に団派が圧倒的に上回っているが、それは胡錦濤の差配による。現在31の省・市のうち、20の省・市のトップが団派である。そのほか**団派の多くは年齢的にも中核を占めている。胡春華は1963年生まれで、黒龍江省省長の陸昊《りくこう》[3]は1967年生まれと、いずれも脂の乗った50代前後**だ。

太子党は人材不足の感が否めず、胡錦濤の息子、胡海峰《こかいほう》[4]や鄧小平の孫、鄧卓棣《とうたくてい》[5]などはまだ表に出るほどではない。李鵬が山西省の省長を務める息子の李小鵬《りしょうほう》[6]を強く推薦する可能性はあるが、李鵬の家族も腐敗問題が深刻だ。李鵬のもうひとりの息子である李小勇《りしょうゆう》[7]に至っては、現在シンガポールに逃走中である。そのため、李鵬の息子が入る可能性は極めて低い。習近平子飼いの貴州省省委書記の陳敏爾《ちんびんじ》[8]、海南省省長の劉賜貴《りゅうしき》[9]らもいるが、彼ら

2. 1955～。復旦大学法学修士。第18期中国共産党中央政治局委員、党中央政策研究室主任。

3. 1967～。北京大学卒。前共青団中央書記処第一書記。団派。

4. 1971～。年11月生まれ、清華大学卒。胡錦濤の息子。嘉興市副市長を経て、現在は代理市長。太子党。

はまだ政治局にも入っていないので、飛び級で政治局常務委員になることはない。

では、誰が習近平の後継者の候補となるのだろうか。江派の人間を後継者にすることは習近平が絶対に同意しない。本来は団派の人間で、胡春華が適任者だったのだが今は状況が変わってしまっている。第1章でも少し紹介したが、習近平は総書記就任後、団派を排斥した。しかも、李克強を排斥するのではなく、共産党機関紙の『人民日報』に胡春華、陸昊らを名指しして、団派は経験不足だと批判する文章を掲載させたのだ。年齢的にもこれからの有望株が多い団派を恐れてのことである。このことからも、習近平は団派を後継者として考えていないことがわかる。

では現在、**一番の有力候補は誰かというと、孫政才**である。重慶市委書記を務める孫政才は1963年生まれで胡春華と同い年である。温家宝の厚い信任を得ており、彼が孫政才を習近平に紹介したのだ。その孫政才と習近平が注目を集めたのは今年の両会でのこと。何と**25人いる中央政治局委員のなかで、ただひとり、孫政才とのみ習近平は握手を交わしたのだ**。

このため、習近平が自分の派閥から適任者を見つけられない場合、孫政才を認める可能性が高いといえよう。しかし、忘れてはならないのは、これはあくまでも習近平個人の意思であり、それが共産党内で認められるかどうかはまた別問題ということ。なぜなら、後

5. 1985～。デューク大学法学修士。アメリカ生まれ。鄧小平の孫。中国共産党広西平果県党委副書記、新安鎮党委書記在任中。太子党。
6. 1959～。華北電力学院卒。2013年1月より山西省省長に就任。李鵬元首相の長男。太子党。
7. 1963～。シンガポール国籍。李鵬元首相の次男。

任者を決めるのは、あくまで、現役と退職した長老たちなのだ。

この後任者になるには多くの条件を満たさなければならない。政治的主張が左派であること。その一方で、経済的には潤っており、いや、言い換えるなら腐敗する要素が十分あり、潤沢な利潤を上げていることが必須条件だ。自由主義的傾向があったり、お金の面で清廉潔白すぎたりしたら、この条件に当てはまらない。もしこうした〝裏の基準〟がなければ、一番の適役は実は汪洋かもしれない。汪洋は１９５５年生まれで、来年の19大の時には62歳、次の20大の時も67歳だから、常務委員を２期務められる。

汪洋は経験も豊富で、思想も開明的だ。しかし、だからこそ長老は彼を一番不安に思っている。ただし、汪洋が難しければ、共産党内部に「人材の断絶」が起きてしまうのも事実だ。鄧小平、胡耀邦の時代には予備の幹部のリストまで作られたが、江沢民政権以降は、権力闘争が激しさを増すあまり、「人材断層」が現れ、**来年の19大では習近平の後継者予備軍の人材不足に直面してしまう**のだ。

その窮余の策として、習近平が２期満了後、終身制を実施するというウルトラCがないわけではない。しかし、いかんせん習近平は党内での支持率が低いので終身制を支持する基盤がないだろう。もし２期を超えて引き続き留任するのなら、ひとつの選択肢しかない。それは民主選挙を実施し、最初の大統領になることだ。しかし。この可能性も低い。恐ら

8. 1960～。中央党校院生。貴州省党委書記、貴州省人民代表常務委員会主任、貴州省軍区党委第一書記在任中。
9. 1955～。中央党校院生。中国共産党海南省党委副書記、海南省省長、第18期中国共産党中央規律検査委員会委員。

く彼にはこのような腹づもりなどまずないだろう。だから来年の19大は、鄧小平時代以降で一番激しい権力闘争になると思われる。

権力闘争から生まれた恣意的な「政敵追い落としルール」

石平　私もこの観点に賛成だ。実際、19大に向けて、戦いはもう始まっている。第1章で触れたように、今年3月の全人代前後で「習核心」が取り沙汰される一方、習近平の辞任を勧告する手紙や、任志強の事件など一連のことが起きた。いずれも来年の19大と大きなかかわりがあると思う。**団派を中心に習近平降ろしの動きが表面化する**かもしれない。彼の続投を阻止するか任期満了前に辞めさせるか、または団派を含む他の勢力が19大の党内権力の再構成を通して優位に立とうとするかなど、さまざまな可能性が考えられる。現在の状況では習近平に反対する勢力が一歩抜きんでている。習近平は威信がすっかりなくなり、物事をなかなか思い通りに進められない立場に立たされてしまった。

最近、習近平はインターネットに関する会議を開き、ネット上の意見を謙虚に取り入れるべきだと話した。実におかしい話である。ネット上の異なる意見を封鎖しているのは、ほかならぬ彼自身であるのに、当の本人がこのような発言をするということは、実は自分が非常に不利な立場にいると知っているからである。

とにかく、習近平は就任して以来、幹部任用において大きな挫折に直面しており、今年の秋に開かれる６中全会（中国共産党第18期中央委員会第６回全体会議）で新たな局面を切り開かなければ、来年の19大の際に危険な立場に追いやられるかもしれない。**習近平が失脚するか、失脚しなくても無力化される**可能性がある。

陳破空　確かに６中全会で、続く19大で見られる人事異動の様子を先取りすることができるのと同時に、習近平の後任者を決めるルールが明らかになる。鄧小平時代からの権力闘争による産物があり、そのひとつが幹部の任期制度である。この制度は胡耀邦、趙紫陽政権の時に決められたもので、華国鋒との権力闘争の産物である。当時、鄧小平は「幹部の任期制度は華国鋒に対処するためのものだから、彼が失脚した後は、その通りに従わなくてもよい」と発言した。つまり、この言葉から、**期間が５年であれ10年であれ任期制度というのは、あくまでも権力闘争の産物である**ことがわかる。

江沢民政権になると、「７上８下」と呼ばれるルールが導入された。これは常務委員は67歳まで留任可能で、68歳になると退職しなければならないというもの。初めて適用されたのが、１９９７年の15大の時で、当時、江沢民は常務委員会の元老、喬石《きょうせき》[10]と権力闘争中だったが、73歳だった喬石を排除するために、70歳で退職するというルールを規定した。

10. 1924～2015年。第13期・第14期中国共産党中央政治局常務委員、第８期全国人民代表大会常務委員会委員長などの要職を務めた。元老。

さらに、2002年の16大で江沢民が政権を胡錦濤に移譲する際、もうひとりの政敵、当時68歳だった李瑞環《りずいかん》[11]を倒すために、「7上8下」のルールを制定したのだ。李瑞環は同じ共青団出身の胡錦濤を助けるため、怒りを我慢しながら引退したのである。これが今に至る「7上8下」というルールができた経緯である。

来年19大の見どころは、この「7上8下」ルールに従うと、7人の常務委員中5人が引退するというところだ。そのうち一番重要な人物が王岐山である。彼は1948年生まれなので、来年69歳だ。もし彼が「7上8下」のルールにより退職してしまうと、習近平は極めて不利な立場となる。この理由はこれまで何度となく説明してきたので、ここでは述べない。

ただし、習近平のかたわらには、王岐山同様、右腕のような人物がもうひとりいる。それは栗戦書である。習近平には、このふたり以外、他に頼れる人間はいない。王岐山の登場以来、今や中央規律検査委員会書記の役割はとても重要で、誰がそれを手に入れるかによって権力闘争で優勢を占めることになる。王岐山が留任できるかどうかは、江沢民が策定したルールを破れるかどうかが分かれ目となるが、これらのルールは結局、権力闘争の一環として当時のトップが思惟的に策定したものなので、ひっくり返せる可能性も十分あるのだ。

11. 1934〜。第6代中国人民政治協商会議全国委員会（全国政治協商会議）主席、第13期・第14期・第15期中国共産党中央政治局常務委員などを務めた。

習近平流ニュールールは果たしてどこまで通用するのか？

陳破空　実は数年前、習近平が新しいルールを決定している。「留任することもできれば、クビになることもある」というような内容のもので、有能であれば任期満了後も留任でき、無能であれば任期未満でも解任されるというルールだ。この有能か無能かの判断は習近平自身による。もし彼がこの新しいルールを徹底できれば、王岐山は留任できるのだ。

王岐山が引き続き中規委書記を務めれば、これは習近平には非常に有利になる。さらに栗戦書が常務委員会に入れば、常務委員7人のうち3人を側近で占めることができる。残りの4席は団派が2、3人、江派が1、2人を占めることになるだろう。

いずれにせよ、そうなると江派が常務委員会を独占する時代は終わるということ。18大の時には江派が4人、団派がひとり、太子党がふたりだった。**19大になると、江派は1、2人に縮小し、ひいてはひとりも残らないかもしれない。その結果、団派が習近平と太子党の最大のライバルとなる。**だから来年の王岐山の去就は、習近平が権力の基盤を固めるにあたっての最重要な要素となるのだ。

2014年の4中全会でも、2015年の5中全会でも習近平は人事に失敗した。本来は軍委副主席に親友の張又俠を、軍委委員に太子党出身の劉源[12]を就任させるつもりでいたのだが、いずれも失敗に終わった。なぜなら、重要な人事の任命については必ず常務委員会を通さなければならないからだ。詳細は第1章に譲るが、常務委員会では人数的に江派には勝てなかった。

だから今年秋の6中全会で、どのように人事が決まるのかが非常に注目される。習近平がルールを変えて王岐山を残せば優勢を保てるが、ルールを変えることができなければ、誰が人事の権力を握ることができるのか、来年の19大で明らかになる。

石平　確かに、この「7上8下」のルールは変えようと思えば変えられないものでもない。憲法でもなければ法律でもないからだ。

陳破空　党規約でもない。

習近平がもくろむ「政変」という切り札

石平　そう。だから変えようと思えば変えられる。しかし問題はこのルールを変えて習近平が勝てるかどうかだ。陳さんの観点では王岐山が留任すると習近平政権に有利だとのことだが、私はそうとは限らないと思う。**王岐山が引き続き中規委書記を務めると彼の権利**

12. 1951〜。首都師範大学卒。父は元国家主席の劉少奇。2015年時点では総後勤部政治委員、解放軍上将。中国共産党第17期及び18期中央委員。2015年、定年による退役が発表された。太子党。

はますます肥大し、ひいては、習近平の権力を空洞化する恐れがあるからだ。

中規委書記が絶対権力を握るというのはとても恐ろしいことだ。あと数カ月で6中全会が開かれるが、今年1月から3月までの状況を見る限り、習近平が正攻法で6中全会での人事工作に勝てるとはとても思えない。もし6中全会で大きな変革を成し遂げられなければ、来年の党大会で、胡春華であれ汪洋であれ、団派の人間が大挙して勢力拡大に向かうのを止めるのは難しくなると思う。また習近平は自分の思う通りに後任者を配置することもできないから、**次の党大会で団派の包囲網を打ち破ることができなければ、習近平政権はいよいよ末期を迎えることになる**だろう。

そうなると、ひとつの可能性が考えられる。文革時の紅衛兵のような猛烈な性格を有するがゆえに、**習近平は外交上でも冒険をすることが多いのだが、内政面でも「政変」という冒険をするということもありうる**のではないだろうか。常務委員会を廃止し、人民解放軍の力を借りて権力を一手に握った後、団派を一掃し、自分自身の政権を打ち立てる……。この可能性はあるのだろうか。

陳破空　ありうるだろう。考えてみてほしい。第1章でも紹介したが、18大前後から今に至るまで、暗殺、政変の噂は絶えない。つまり、政変そのものが起こる可能性というのは、常に存在し続けている。さらに、それはふたつのパターンが考えられるだろう。ひとつは、習近平に反対するグループが彼の政権を転覆するというもの。今ひとつは、習近平自身が政変を起こし、敵を排除するパターンだ。かつて、毛沢東死去時に党第一副主席兼首相だった華国鋒は、政変を起こして毛沢東の妻や甥などの毛一族を逮捕。さらに文革を主導した四人組を処分し、自らの権力を固めた。習近平も同じ手法で江派や長老、団派をなきものにするという可能性は排除できない。

しかし習近平と王岐山の関係について私の見方は違う。よく言われるが、中国は人治社会であって、法治国家ではない。それはつまり、中国社会とは人との関係性をもって治まっている社会ともいえる。これまで何度も説明してきた通り、王岐山と習近平の関係は、出自はともに太子党で、文革時に下放先の農村で苦労を分かち合った無二の親友なのだ。ふたりの友情はとても深く、ともにひとつ布団を分け合って寝たり、王岐山が習近平の本を借りて読んだり、一緒に天下国家について議論したりした。その後、両者ともに共産党指導部に入ったが、その友情は変わっていないと思う。

共産党の指導部は右派と左派に分かれているが、本当の作用を果たすのは右派、左派というイデオロギーではなく、人間関係である。王岐山は確かに頭が良くてユーモアがあり、深い思想を持っているが、習近平に取って代わろうという野心などあろうはずがない。なぜなら、王岐山は岳父（長老の姚依林）が抜擢しただけで、党内に居座る長老連中からは疎んじられており、これ以上の要職に就くことは不可能だからだ。鄧小平は自ら「第2世代指導者」と名乗ったが、実は毛沢東とともに革命に参加した第1世代なので、毛沢東死後の権力争いで華国鋒に圧勝することができた。習近平と王岐山の間で、もし何かあったとしても王岐山が譲るはずだ。王岐山は大義をよくわきまえる人物なので、権力を奪うような行動には出まい。だから私は、**来年、王岐山が留任すれば習近平に巨大なメリットを与えるが、もし退任となれば習近平は片腕を失うことになる**と思う。

団派に関する分析は私も賛成だ。団派は19大、そして20大で最大の勝者になる可能性はとても高いだろう。人数的にも年齢的にも優勢に立っているからだ。一方、太子党が振るわないであろう理由は、後を継ぐ人材がいないことによる。このような状況下で、習近平が再び政権を握れたとしても、団派が優勢を占め、習近平は常に牽制される状況に置かれるだろう。

四人組が残した意外な人事の知恵

石平　我々の対談は、ますます核心的な問題に近づいてきている。将来、中国には3つの重要な勢力が存在する可能性が考えられる。総書記というトップに立つ習近平、人数と年齢上で優勢を占める団派の勢力、その他に中規委書記は、本来は実権などなかったのだが、ここ数年は中心勢力となりつつあり、ある意味、一番の権力を握っている。

もし団派と習近平、どちらも勝てなかったとしたら、王岐山がこの両勢力を調和させる支点となる可能性がある。先ほども述べたが、王岐山と習近平の個人的な友情が深いのはわかるが、私が思うに、政治の最終的な判断においては、個人の友情は確かに重要な要素であるものの、絶対要素ではない。

また、**どうやって党を危機から救うか。あるいは、どうやって生き残りを果たすのという問題において、王岐山の見解は団派に近い**と思う。習近平が現在突き進んでいる外交政策であれ、政治路線であれ、王岐山はあまり賛成ではないのではないか。

ともあれ、これによりひとつの可能性が生まれる。すなわち、彼が団派と手を組んで、政治の道筋を団派の望む方向へと変えていくということ。今ひとつは――これについては陳さんとこの先も議論していかなければならないが――王岐山の問題は脇に置いて、もし**習近平がどうしても団派が優勢に立つことを止められなかった場合、「軍事政変」に踏み込んだら、どのような結果をもたらすか**ということだ。もちろん仮定の仮定だが、一考の余地はあると思う。

陳破空　確かに王岐山は自由派で、団派に近い。19大で団派が優勢に立ち、さらに王岐山が留任できれば、中国の政治に変化が起きるかもしれない。ひいては政治改革が起きる可能性もなくはない。無論、これは楽観的な予測だが……。

別の切り口から見てみると、もし団派が優勢を占めることができず、汪洋や李源潮など開明的な人物が常務委員会に入ることができず、さらには王岐山が退任してしまうと、中国の政治は今と同じような権力闘争の嵐が吹き荒れるだろう。2022年に開催予定の20大で習近平も退任してしまうと、そうした権力闘争の結果、反腐敗運動で無数の敵を作ったこのふたりは、間違いなく報復に遭うだろう。それを避けるために、習近平は政変を起こす可能性がある。

江派が政治、経済、外交などあらゆる面で妨害をやり続けた場合もまた、習近平は華国鋒のように政変を起こす可能性があるだろう。江派を一掃すれば、パワーバランスが変わるので、数で優位に立つ団派を牽制することができるからだ。そしてその後、自分の配下を要路に配置する。そうなると団派も彼に従わざるをえなくなるだろう。

もちろん逆の場合もある。**権力闘争というのは先手必勝**だ。毛沢東の死後、華国鋒が四人組を逮捕した時、そのひとり王洪文《おうこうぶん》[13]は次のように言った。

「もし我々が1日早く手を下していたら、今日捕まえられたのは我々でなく、あなただ」

四人組が負けたのは躊躇したからで、もし彼らが先に行動していたならば、捕らえられ

13. 1935～1992。四人組のひとりであり、中国共産党中央副主席を務めた。

たのは華国鋒と葉剣英《ようけんえい》[14]だったかもしれない。それと同様に、習近平と江派の戦いは、どちらが先に手を下すかによって勝負が決まる。

ノールールのバトルロワイヤルの先にあるもの

石平　これは実に面白い。毛沢東の時代には「非常政治」といって、正規のルールなど有名無実化し、生きるか死ぬかのように権力闘争が繰り広げられた。その後、鄧小平時代になると、表も裏も含めてたくさんのルールが規定された。四人組が処分された後、鄧小平は当時の保守派の重鎮であった陳雲[15]らと「党内部で2度と政変を起こさない」「すべての問題は正規の手続きにのっとって解決する」ということに合意した。

この「2度と政変を起こさない」という方針は鄧小平の時代から江沢民、胡錦濤に至るまで守られてきたが、正規の手続きにのっとった〝闘争〟はずっと続いてきた。先述のように、元老の喬石を退職させる時も正規のやり方で行われた。しかし、習近平は早急に自分の政治権力を固めるためにトラ叩きなどの反腐敗運動を行い、これらのルールを破った。

ルールがいったん破られると、誰もそれを気にしなくなる。こうしてノールールで戦うようになり、どんな状況が発生するか想像もつかなくなるのだ。そして戦いが泥沼化し、

14. 1897〜1986。中国人民解放軍の創立者のひとりで、中華人民共和国元帥。国防部長や全人代常務委員会委員長、中央軍事委員会副主席兼秘書長、中央委員会副主席などの要職を歴任。

もはや調停の余地もないとなった時、最高指導部が分裂する可能性もありうる。こうなると、**かつての軍閥ではないが、地方や民間の勢力が台頭することもありえるだろう。こうして内部闘争がエスカレーションし続けると、まさに日本語で言うところの「空中分解」よろしく自壊してしまう。私は、このような可能性もありうると思う。**

陳破空　選択肢はいくつもあれど、共産党が選べるのは最終的にたったひとつの道しかない。では、どの選択肢を選ぶことになるのだろうか。石さんが分析した、内部闘争から崩壊に至るというのが、そのひとつ。あるいは習近平であれ中国共産党であれ、唯一の生きる道は政治改革である。内部闘争だろうが、政変だろうが、最後に勝つには民心を獲得しなければならない。そうなると、勝つために天安門事件や法輪功[16]の名誉回復を主張するかもしれない。華国鋒が勝利した時も、文化大革命を終結させ、経済建設に力を向けるという方針を打ち出した。その結果、民心を獲得することができ、一時的とはいえ自分の政権を固めることができたのだ。

これと道理は同じで、将来的に政変が起きた際、政治改革への道を歩み、きちんとした法治社会を築き、過去の人権迫害問題における過ちを認め、市民の訴えに誠実に対応できる人でなければ勝利を収めることなどできない。これらのことができるのであれば、私も救われるし、共産党も延命できるかもしれない。名前から体制から何もかも変えられるな

15. 1905〜1995。中共八大元老のひとり。25年、共産党入党。主に経済政策を担当し、54年に国務院常務副総理（第一副首相）に就任。文革で失脚するも文革後復活。しかし、保守派で鄧小平の改革開放路線と対立の末、敗れ去る。

ら、それが一番であるが……。いずれにせよ、こうした方向に踏み込めなければ、中国共産党は終わりだ。

いつ倒れるかではなく、どうやって死ぬかが問題

陳破空　そもそも、中国人が2022年の20大まで待っていられるかどうかも疑問である。世界の共産党の歴史を見れば、最も寿命が長かったのはソ連の73年。中国共産党は、1949年の中華人民共和国建国から、すでに67年がたった。20大の頃には70年を過ぎており、いよいよ寿命となろう。まさに「人生七十古来稀」[17]だ。

知識人や人権派弁護士の不当逮捕ばかりしている共産党から、ネットユーザーの心はすっかり離れていってしまっている。何か事件があると、中国人はすぐにネットで感想を発表し合い、共産党政府はそれを大慌てで削除する。だがネットでは、政府がコメントを削除しようとしても、間に合わないほど共産党批判のコメントが多い。

大半の中国人は今も政府に抑圧されている一方で、こうして形で反抗している。だから、中国共産党政権は20大までもつかどうか、非常に危うい状況といえるのだ。中国の歴代王朝は、対外的に武力行使をして、それに失敗した場合、最後を迎えることとなる。清王朝

16. 法輪功とは、創始者の李洪志氏が1992年から中国国内で広めた伝統的気功法。学習者はわずか数年で1億人に達した。1999年、当時の江沢民政権から弾圧が始まり、現在まで迫害による死亡者は、証明できるだけでも4001人に上る。

などはまさにその象徴だ。日清戦争で敗れた後、結局、王朝も倒された。

中国共産党は、これまで本書でずっと見てきたように、南シナ海、東シナ海、あるいは周辺諸国との問題等々、世界中で火種を抱えている。この世界中で一触即発状態で、万が一、地域紛争等の処理に失敗したとなれば、間違いなく政権は倒れるだろう。そしてその時期は近いのではないか。恐らく19大、あるいは20大までに、何らかの大きな動きが起こるのではないかと考えている。

石平　中国共産党政権は事ここに至って、もはや、いつ倒れるかは問題ではない。「どうやって死ぬのか」が問題なのである。良い死に方と悪い死に方、そして最悪の死に方の3つがあろう。**悪い死に方とは、共産党独裁政治を続け、経済がさらに悪化し失業率が大きくなり社会の不満が増して、革命が爆発し、その結果政権が崩壊するというもの。**

逆に良い死に方とは、権力闘争により共産党が分裂し、陳さんが言うように、一部の人間が政治改革の旗を揚げ――今回は鄧小平時代のように経済改革のみを行い、政治改革はやらないというわけにはいかない――最終的には民主的な選挙で指導者を選ぶというもの。

まさに、これこそ中国共産党が天寿をまっとうした形といえるだろう。特に陳さんは、中国共産党の迫害を受けた。だからこそ、我々が期待しているのは、このような形で中国共産党の寿命が尽きて、この世からなくなることだと思う。そうなるのが、中国人民にとっ

17. 唐代の偉大な詩人・杜甫の「曲江」の一節。「70歳まで生きる人は昔から珍しい（ほとんどいない）」という意味。数え70歳のお祝い「古希」の語源である

ても周辺諸国にとっても、最善のシナリオだ。一方で、**往生際が悪く、死ぬ前に暴れ回り、中国人民も周辺諸国も巻き込むこととなる、これが最悪の死に方**だと思う。

対談もいよいよ終わりに近づいてきた。最後に言いたいのは、我々は中国共産党の寿命が尽きるのを心から期待しているということだ。中国共産党にも告げておこう。あなたたちが最後に選べる最良の道は、寿命が尽きて亡くなることだ。そう、お願いだから、静かに消えていってほしい。

「最後の指導者」が最後に選ぶ究極の選択肢

陳破空　まとめよう。習近平には3つの選択肢がある。**ひとつは任期満了し、19大か20大で退任すること。**しかしこの場合、彼は政治的な報復に遭うだろう。彼の任期中の5年あるいは10年の間に、無数の共産党員、長老、そして軍関係者等々、あらゆる人の不満を買った。権力の座から離れると――無論、王岐山も中規委書記を退任しているというのが条件になるが――江派の残党ら党内の強硬派が再起し、政治報復は避けられないだろう。つまり、習近平は本当に死に追い詰められるわけだ。

ふたつ目は、終身任期制を導入し、ロシアのプーチン大統領のように権力の座に居座り

続けること。ただし、毛沢東や鄧小平のようなカリスマ性がなく、にもかかわらず反腐敗の名の下に同僚である党員を血祭りに上げ続けたため、身内からの反撃を必ず食らうはずだ。まさに第1章でも紹介した、明王朝の最後の皇帝、崇禎帝が反乱軍によって殺害されたように。

最後、**３つ目の選択肢は、正真正銘の権力を手に入れるということ。王岐山と協力し、団派の穏健派と協力し、政治改革に正面から取り組む**のだ。これは彼にとって活路になるのはもとより、ひいては中国人民にとっての活路ともなる。この道を進むことができれば、アメリカや日本やヨーロッパの支援もきっと得られるだろう。**中国が混乱するのは、世界にとってちっとも良いことではない**からだ。ただし、この道を歩むには、相当な見識の持ち主でないと、とてもではないが務まらない。問題は、習近平がそうであるのかどうかということだが……。

石平　陳さんは習近平に３つの道を示したが、選ばれる可能性が小さいのは最後の道だと思う。この数年間、彼がやってきたこと――たとえば第2章で見た香港の銅鑼湾書店関係者の拉致拘束など――をひとつ見てみても、政治の見識を持っている政治家にはとても見えない。ヤクザのレベルにも及ばないようなことを行う国家主席では、最後の道を歩めるとはとても思えないのだが……。

陳破空　だから、**わざと「最後の指導者」という言葉が、一瞬とはいえメディアに登場したのだ。それは書き間違いなどでは決してない。本当の真言であり予言**である。習近平は自らの手で中国を壊す。すなわち「最後の指導者」となるのだ。

石平　習近平は自ら自身のよって立つところを倒し、必然的に共産党政権も終わる。果たして習近平は、自身がその方向に進んでいるのを、本当に自覚しているのだろうか……。

エピローグ

天安門、大阪、ニューヨーク

～祖国を厳しく見続ける本当の理由～

エピローグ

石平　陳さん、今回、日本で対談ができて本当に感無量です。陳さんは何年生まれですか？

陳破空　私は１９６３年生まれです。

石平　私は１９６２年です。私たちは80年代の中国で民主と自由を求めた、いわゆる「愛国青年」ですね。しかし、１９８９年６月４日に夢破れて、その後、私は日本に、陳さんも紆余曲折を経てアメリカにたどり着いた。今回、こうしてお互い日本で中国の事情を分析しました。陳さんは、このことをどうお考えですか？

陳破空　私は80年代に、民主化運動に２回参加しました。１回目は「86学潮」と呼ばれる上海の学生運動で、中国の開明な指導者、胡耀邦が〝政治老人〟鄧小平に追われて失脚した頃のこと。２回目は「天安門事件」です。中国では「89民運」「64運動」と言いますが。その頃、私は広州中山大学で教鞭をとっていました。そして「64運動」の発起人とされ、広東省政府の重要指名手配犯となり、計２回刑務所に入れられ、４年半の牢獄生活であらゆる苦難を経験しました。民主化運動の代償です。その後、アメリカに亡命しました。

石平　私は「64運動」の前年に来日しました。当時、大阪にいて、中国領事館前でデモ活動をしていたのです。私は京阪神地区の留学生リーダーのひとりで、その時は熱い血がたぎって、ただただ中国を良くしたかっただけでした。6月4日の夜――陳さんはそのときどこにいたかはわかりませんが――私は大阪にいて一晩中眠れなかったのを覚えています。その夜、私の人生が変わりました。もしあの夜がなかったら、私は今、日本にいないかもしれない。もちろん、ここで陳さんと中国のことを討論することもなかったでしょう。

陳破空　私たちは、いわゆる「89」世代ですね。

石平　「89」世代です。

陳破空　中国の民主化運動は何度も中国共産党に鎮圧されたが、最近の台湾の「ひまわり運動」や香港の「占中」（オキュパイセントラル）デモ、「雨傘革命」の指導者は皆、若者たちで、広い意味で天安門広場の民主化運動、つまり私たちの民主理想が伝承されているのだと思っています。

本文でも触れましたが、台湾人の独立への熱意、香港人の独立への熱意、それは私から見れば人格独立への熱意です。私たちの民主化運動も実際に、一種の人格独立の様相を呈しており、いかなる権力にもおもねらず、自由、民主、法治国家をひたすら求めました。その意味では、実は今もなお、この夢は終わっていません。中国の若者がインターネットで表した反骨精神を見れば、台湾と香港の若者だけでなく、中国の若者たちも多かれ少なかれ、私たちと同じ夢を追い求めていると思います。

石平　陳さんがおっしゃった、このポイントはとても重要だと思います。私たちの運動は失敗し、夢破れましたが、長い歴史から見れば、「64運動」は確実に中国を変えました。少なくとも鄧小平は、さらなる市場経済改革を実行しなければならなくなりました。「64運動」後、共産主義が明らかに破綻したのです。それによって、市場経済の開放を促進せざるを得ず、中国人に経済発展のチャンスがやってきます。1992年の鄧小平の「南巡講話」は、中国に新しい発展する機会をもたらしました。実は「南巡講話」の裏には「64運動」があります。「64運動」があったから、鄧小平は市場経済改革を徹底させたのだと思います。

陳破空　鄧小平がやったことは8文字でまとめられます。「経済搞活、政治搞死」（経済を生かし、政治を殺す）です。つまり中国の人々は、政治上の自由がない代わりに経済上の自由が与えられました。その結果、中国の人々は豊かになり、海外に行く機会を得、視野を広げることができたのです。

石平　陳さんのおっしゃるように、中国の人々に経済的自由を与えたのは、「64運動」の衝撃に対する譲歩だったと思います。私たちの青春は無駄ではなかったのだと。しかし、陳さんは大きな犠牲を払った。

陳破空　私たちが民主運動に参加したのは、個人のためではない。「4年半の刑務所生活を後悔したことがあるか」と聞かれることがありますが、私の答えはいつも一緒「後悔などみじんもない」というもの。なぜなら、私たちの仲間は犠牲になり、血は涸れ、死骸は灰となってしまいました。たとえ、いつか中国が民主化したとしても、彼らはもう見ることはできません。だから、私は刑務所に入れられたことなど何とも思わないのです。

私は生き残り、自由の国アメリカに亡命できました。彼の国の建国の父、ベンジャミン・フランクリンの言葉を借りれば、「自由がある場所こそ我が祖国なり」（Where liberty is, there is my country.）です。犠牲になった仲間に対して、彼らが成し遂げられなかったことを達成することが私の使命になりました。中国の民主化を推し進め、文明社会の一員として、世界の諸国と肩を並ばせることこそが、1989年に犠牲になった人たちへ報いることだと考えています。

石平　私は陳さんの今までの人生と、現在、力を注いでいることに非常に感服しています。陳さんは中国の民主化を推進し続けているが、私の中では大きな変化がありました。「64運動」後、中華人民共和国政府に徹底的に絶望しました。あれ以来ずっと日本で生活して、個人的には日本の伝統や文化がとても好きになり、ついには日本に帰化して一日本国民となっています。

もちろん陳さんと同じく、いつか中国の民主化が実現し、世界と同じような価値観を持つ国になることを期待しています。しかし、今の私の立場は陳さんと違い、私は日本国民です。ですから、立場上は日本国民の角度から常に中国の問題を話しています。一方で、民族的には漢族で、無論それは変えようがありません。私たちは同郷で、同じ四川に生まれ育ちました。

陳破空　私たちの同郷に鄧小平もいますが、彼は虐殺者で四川の恥です。

石平　けれど、私たちに大学で学ぶチャンス、中国に変わるチャンスを与えたのも鄧小平では。

陳破空　私は鄧小平がくれたチャンスだとは思いません。そもそも、毛沢東が廃止した高等教育は、本来、中国の人々の誰もが受ける権利を有するもの。ですから、毛沢東の死後、その後継者は誰であろうと、大学入試制度を復活させるのは当たり前のことで、ですから鄧小平が高等教育を再開したことに、少しも感謝はしていません。

石さんと違うのかもしれないが、私は共産党とその制度に対しては失望していますが、中華民族に対しては希望を捨ててはいません。これまでずっと、本を書いたり、テレビ番組に出演したりして発言しているのは、中国の人々への啓蒙だと思っています。私は最近、『中国に関する100の常識』という本を出版しました。

その本でもそうですが、中国人の国民性を批判したり、共産党独裁制度を批判したりしているのも、13億人の大国が〝世界最大のお荷物国家〟にならないでほしいからです。民主化は中国一国だけではなく、世界の平和と安全のためでもあります。中国の人々が民主と自由を手に入れられないと、世界もさまざまな場面で巻き添えになり、迷惑をこうむるのは、今現在、見ている通りなのです。

私が、中国の市民を弁護することも、民主化のために戦っていることも、中国のみならず、世界の平和のためでもあります。なぜなら、自由や平等といった普遍的価値が普及すれば、世界の文明度もより高まっていくからです。

石平　その意味でいったら、私も根本的には陳さんの理想と同じで、日本側から見ても、長きにわたる平和と繁栄のためにも、中国は世界と同じ価値観を持つ平和な国になってほしい。逆に言えば、共産党が統治している今の独裁国家中国は、日本の最大の脅威であるということです。中国が民主国家になり、アジアや世界に平和な未来を与えるのは、私たち共通の希望でしょう。

陳さん、私たちは大変な人生を歩んできました。私の子供はまだ小さく4歳ですが、陳さんの子供はおいくつ？

陳破空　下は3歳で、上は10ちょっとです。

石平　今の私たちの責任は、私たちの子供たちが――私の子は日本人で、陳さんの子はアメリカ籍だが、どこの国籍でも――大きくなったら、私たちと同じ経験をしなくてもすむような幸せな環境を作ることが大切だと思います。

陳破空　日本に関して一言言いたいのは、この10数年、私が毎年日本に来て感じているのは、日本は台湾と同じで、石さんのおっしゃる通り、国の安全は中国の共産党政権次第であるということ。日本にとっての真の安全な状態とは、中国が民主化して初めて得られるものなのです。

台湾でも同じことを言っています。台湾の人々が本当の安全を手に入れたいのなら、人々が自ら選択し、このすぐそこにある脅威である中国共産党を倒すべきである。私たちは中国の民主化を推進するとともに、中国の一党独裁を終結させる。それは中国の人々のためだけでなく、世界にも平和と明るい未来をもたらすことができるからです。

石平　いつかその日が、本当にその日が来たら、ニューヨークに行くよ。酒を飲もう。

陳破空　いや、ニューヨークではなく、北京に行こう。

石平　そうだ、北京に行こう。

陳破空　いいね、ありがとう。必ず。

石平　必ず。

おわりに

習近平政権が発足して3年、中国は世界を仰天させるような動きを見せています。尖閣諸島海域の激しい衝突。南シナ海で高めた緊張。中国はアメリカや周辺諸国と戦う姿勢を見せています。中国経済の不振が世界経済に影響を及ぼす一方、株式市場は乱高下し、資金は海外へ大量流出し、「パナマ文書」は世界を震撼させています。しかも、人権を守るために戦った弁護士や良識ある知識人を拘束したり、香港の書店のオーナーを国外で拘束したりしたのは本文で説明した通りです。

習近平政権が発足して3年、その個性とやり方がはっきりしてきました。しかし、表面に見えるものではなく、裏にある権力闘争こそが重要な部分です。中国共産党内の権力闘争や内紛の激しさは、外部世界の想像をはるかに超えています。

この3年間、習近平はずっと権力を固めてきました。そのために使ったテクニックのひとつが「反腐敗」「トラ叩き」です。習近平が権力を掌握できたのは、本文で見てきたように、軍師である中央政治局常務委員兼中央規律検査委員会書記の王岐山の助力によるもの。王岐山が書記に就任以来、中規委は「刃のない刀」から、党内権力闘争の鋭い武器となりました。これは江沢民などの長老が思いもしなかったことです。

知恵の働く王岐山の力と彼の手にある「刀」を借りて、習近平は党内の政敵を倒していきます。江派との戦いで、もうひとつの「刀」である政治法律委員会を手に入れ、さらに「拳銃」である解放軍と武装警察もだいぶ掌握しました。現在、「筆」と呼ばれている江派の政治局常務委員、劉雲山の強い影響下にある中央宣伝部に向かって、「刀」を振り下ろそうとしています。中央宣伝部はイデオロギーを管理する部門でもあります。

江派に打撃を与えた後、習近平は共産主義青年団出身の団派にも手を出し始めました。今年、広東省汕尾《さんび》市にある烏坎《うかん》村で、再び抗争が始まったのです。烏坎村は中国の「第一民主村」と呼ばれています。2011年、当時の広東省委員会書記で、団派の重要人物である汪洋が、土地の強制収用をめぐって政府に抗議していた村民に対し懐柔策をとり、烏坎村に自由選挙を許したのです。

ところが、その村民に選ばれた村委員会主任の林祖鑾《りんそらん》（林祖恋）が、今年の6月に逮捕されました。罪名は「収賄」です。再び村民が集まり、林祖鑾を釈放するようデモしましたが、彼の運命は定かではありません。

この「民主村」の挫折の裏には、北京の権力闘争が見え隠れしています。習近平は汪洋の政績である「烏坎モデル」をなきものとし、汪洋の常務委員会入りを阻止しようとしているのです。烏坎事件の平和的解決のために汪洋に協力した前広東省委員会副書記の朱明国は、すでに汚職罪で投獄されています。また、2012年に開かれた18大直前に、江沢民と李鵬が手を組み、汪洋の常務委員会入りのチャンスは潰えました。そして来年、またも彼の政治局常務委員会入りを阻止しようとしているのが、習近平なのです。

2017年に開かれる19大は、習近平にとって最重要事項となっています。習近平の側近で政治局常務委員の多数を占めることができれば、あるいは、習近平が政治局常務委員会をしのぐ力をつけていたら、彼は2期目に大きな力を発揮できるでしょう。逆に、他の派閥が依然多くの席を占めたままであれば、習近平の権力はここまでとなり、第2期があったとしても、せいぜい胡錦濤レベルの無力なものになるでしょう。

ただし、習近平が大きい権力を手にしたら、中国にとっても、世界にとっても不幸だと思います。国内に対する弾圧、そして国外に対する強硬な姿勢が強まり、とりわけ南シナ海の事態を制御できずに、戦争になだれこむ危険性すらあります。

さらにもうひとつ、常に江派の批判にさらされている王岐山が失脚したら、習近平が意外な動きを起こすことがあるかもしれません。このために吹き荒れるであろう権力闘争についてては、第7章で話した通りです。

2014年頃、中国の尖閣諸島侵入が大幅に減少しました。原因のひとつは、周永康、徐才厚、郭伯雄が相次いで逮捕されたことです。江派の彼らの目的は、胡錦涛と習近平が権力闘争に力を割けないよう、国外で問題を引き起こすことでした。習近平が次第に軍の権限をコントロールできるようになってから、たとえば中国軍によるアメリカへのサイバー攻撃も減少しました。これは習近平とオバマ大統領が結んだサイバー協定によるものです。しかし、軍はいつでも簡単に独断専行できることを忘れてはなりません。

2012年の18大から習近平政権が始まり、2017年19大は、習近平の権力が試されるでしょう。そして、2022年20大では、一体どうなっているのか。習近平に未来があるか否かは、ひとえに彼がどのような道を歩むかにかかっています。

2016年6月23日ニューヨークに於いて

陳破空

石平・陳破空対談
「習近平が中国共産党を殺す時」
スペシャル動画配信
2016年4月19日、20日の
2日間にわたって繰り広げられた
白熱の討論の様子を動画で配信！
〜動画だからわかる、動画だからより伝わる、
ふたりの祖国への熱く厳しい気持ち〜
・本書で語られた事実はもちろん、本書未収録の内容も！
・祖国を厳しい目で見つめるふたりの論客が、
その未来について中国語で激論！
・もちろん日本語字幕付き！
詳しくは世界60以上の都市を結ぶ華人ニュースネットワーク
新唐人電視台グループの日本版、特設ホームページで！
http://jp.ntdtv.com/book.html

著者略歴
石平（せき・へい）
1962年、四川省成都生まれ。北京大学哲学部卒業。88年来日。95年、神戸大学大学院博士課程修了。07年末、日本に帰化。14年、『なぜ中国から離れると日本はうまくいくのか』（PHP研究所）で第23回山本七平賞を受賞。『世界征服を夢見る嫌われ者国家中国の狂気』（ビジネス社）、『韓民族こそ歴史の加害者である』（飛鳥新社）、『日本・インドの戦略包囲網で憤死する中国』（ペマ・ギャルポとの共著、徳間書店）など著書多数。
陳破空（ちん・はくう）
1963年、四川省三台県生まれ。湖南大学、同済大学に学ぶ。87年、広州の中山大学助教授。89年、天安門事件に呼応し、広州での民主化運動をリーダーとして主導。同年及び93年に投獄され、計4年半に及ぶ獄中生活を送る。96年、アメリカに亡命。現在、政治評論家としてさまざまなメディアで中国分析を行う。邦訳著書に『赤い中国消滅』『品性下劣な中国人』（ともに扶桑社）、『日米中アジア開戦』（文藝春秋）などがある。
翻訳・編集協力
張陽（ちょう・よう）
1970年生まれ。1998年東北大学大学院情報科学研究科博士号（情報科学）取得。現在、同大学院情報科学研究科助教。新唐人TVコメンテーター。

習近平が中国共産党を殺す時

2016年8月13日　第1刷発行
2016年10月3日　第3刷発行
著　者　石平　陳破空
発行者　唐津 隆
発行所　株式会社ビジネス社
〒162-0805　東京都新宿区矢来町114番地 神楽坂高橋ビル5階
電話　03(5227)1602　FAX　03(5227)1603
http://www.business-sha.co.jp

印刷・製本　大日本印刷株式会社
〈カバーデザイン〉大谷昌稔　〈本文組版〉茂呂田剛（エムアンドケイ）
〈編集担当〉大森勇輝　〈営業担当〉山口健志

©Seki Hei／Chen Pokong 2016 Printed in Japan
乱丁、落丁本はお取りかえします。
ISBN978-4-8284-1903-9